La Bête

La Bête

Par
Victor Cherbuliez
de l'Académie française

Paris
Nelson, Éditeurs
25, rue Denfert-Rochereau
Londres, Édimbourg et New-York
1929

VICTOR CHERBULIEZ (1829-1899)

———

Première édition, de « La Bête » :
1887.

LA BÊTE

PREMIÈRE PARTIE

I

JE veux écrire mon journal. On prétend que cela fait du bien, que l'écriture est un calmant, et j'ai grand besoin de me calmer.

La secousse a été trop forte, je ne réussis pas à me rasseoir. Il entre dans mes chagrins beaucoup plus de colère que de tristesse. Si je regrettais cette femme, je serais le dernier des hommes. Je ne la vois plus, son haleine n'empoisonne plus l'air que je respire ; que manque-t-il à ma délivrance ? Mais il y a quelque chose de détraqué dans ma machine ; j'ai l'œil et l'esprit troubles. Il me semble que celui qui a fait le monde ne savait pas ce qu'il faisait, ou qu'il s'est donné le plaisir de nous proposer une énigme... Devine, mon garçon, si tu le peux, ou si tu l'oses... Je ne devine pas, je ne veux pas chercher à deviner. Je suis tenté de croire que l'énigme n'a pas de mot.

5

Mes parents m'avaient élevé dans la croyance que le secret du bonheur est d'être juste, sage, modéré dans ses désirs, maître de ses passions et toujours en paix avec sa conscience. Mon père le vigneron, quoiqu'il aimât beaucoup l'argent, ne fit jamais tort d'un centime à personne. Il était correct en affaires, probe jusqu'au scrupule, et dès ma petite jeunesse il m'enseigna que, pour mériter les bénédictions du ciel, qu'il me montrait de l'index de sa main droite, il faut respecter le bien d'autrui, ne prendre à son prochain ni ses écus, ni son bœuf, ni son âne, ni son honneur, ni une parcelle de son champ, ni le plus petit morceau de sa femme. Ma mère ne se lassait pas de me répéter :

— Sylvain, mon fils unique, les honnêtes gens, les bons chrétiens, ceux qui observent les dix commandements et tous les articles de la loi de Dieu, sont sûrs d'être heureux dans ce monde-ci comme dans l'autre.

Ce qui se passe dans l'autre, je n'en sais rien, n'y étant jamais allé. Mais celui-ci, je le connais ; à travers son masque j'ai vu son visage, qui n'est pas beau. O mon père et ma mère, comme vous vous trompiez ! Je vous croyais sur parole, car j'ai toujours été candide ; mais aujourd'hui j'en crois mon expérience : il n'y a rien de commun entre le bonheur et la morale, cet univers n'a pas été créé pour que la vertu y fût à l'aise, elle doit laisser aux coquins la graisse de la terre, la rosée du ciel. Bonnes gens, c'est votre fils qui vous le dit, le métier d'honnête homme et de bon chrétien est un métier de dupe !

Je voudrais qu'un juge équitable et de bonne foi

fût assis là, en face de moi, de l'autre côté de ma
table à écrire. Je lui conterais mon affaire, je lui
déduirais mon cas, je le prierais de juger mon procès
avec la vie.

Mon père, Jean Berjac, lui dirais-je, était un
homme d'âpre vertu, d'épaisse encolure, d'un abord
froid, sévère, le regard, la voix et la main rudes, qui
passait son temps à se travailler et à travailler les
autres, et qu'on tenait à dix lieues à la ronde pour
le huguenot le plus rigide et pour le plus habile
vigneron de toute la Saintonge. Dans notre famille,
on naît vigneron de père en fils. Jean Berjac, qui
s'entendait à acheter comme à vendre, s'arrondit ;
il doubla, tripla son héritage. Vinrent les traités de
commerce, et sa grande vigne sua de l'or. Il était
riche, sans que personne s'en doutât, car il vivait
en pauvre. C'était son goût et sa superstition ; il
prétendait qu'une belle enseigne est la mort d'une
bonne boutique. Sa maison de paysan était une vraie
baraque ; il prenait ses repas dans sa cuisine avec
ses gens, qu'il obligeait à dire leurs grâces pour remercier Dieu d'une soupe quelquefois un peu maigre. Toujours vêtu de futaine, il ne se sentait à l'aise
que dans de vieilles hardes, qui avaient travaillé
avec lui et comme lui s'étaient surmenées. Son seul
luxe était une belle argenterie plate, qu'il aimait à
regarder en cachette, à palper de ses doigts calleux,
sans jamais s'en servir, tant sa vaisselle d'étain lui
était une chère habitude ! Ceux qui voyaient ma
sœur Jeanne manier la binette et la serpe comme
une simple ouvrière de campagne étaient loin de
soupçonner qu'écu par écu, une grosse dot s'amas-
sait pour elle dans le silence d'un coffre-fort.

Ma bonne mère avait à ce sujet ses petites idées, qui ne s'accordaient point avec celles de mon père. Si elle préférait, elle aussi, l'être au paraître, elle ne laissait pas d'attacher quelque prix aux belles apparences, et elle pensait que lorsqu'on a l'honneur d'être un bourgeois, on peut vivre en bourgeois sans déplaire au bon Dieu, qu'on lui fait même plaisir. Mais elle avait vu dans sa grande Bible in-folio, où elle voyait tout, absolument tout, que l'apôtre saint Paul a dit : « Femmes, soyez soumises à vos maris. » Et elle se soumettait. Sur un seul point, elle s'obstina, se buta. Elle surveillait beaucoup ma conscience, elle la nettoyait chaque matin avec autant de soin qu'elle écurait sa vaisselle, et Dieu sait que sa vaisselle comme ma conscience étaient reluisantes de propreté. Cependant, quoiqu'elle mît la vertu bien au-dessus du savoir, elle souhaitait que j'eusse un jour de l'esprit et que je lui fisse honneur. A force de répéter la même chose, en choisissant l'heure et l'endroit, elle finit par obtenir de mon père qu'il m'envoyât au collège à Bordeaux. Il y consentit par pure complaisance pour la jeunesse de sa femme, qui avait quelque dix ans de moins que lui.

— Quand on le rendrait savant jusqu'aux dents, disait-il, mon grand nigaud de fils ne sera jamais qu'un nigaud.

Et il secouait ses fortes épaules.

Je n'étais pas un nigaud ; j'avais seulement l'esprit épais et comme embrouillé de sommeil. Je me donnai beaucoup de mal pour me réveiller, pour me débrouiller, pour me dégrossir et pour faire honneur à ma mère. Malheureusement je n'avais pas de santé ; elle m'est venue avec les années, et aujourd'hui je

suis robuste comme un Turc ; mais j'étais né ma-
lingre. Dans mon enfance, j'ai souffert longtemps
des oreillons, j'ai eu la coqueluche, la scarlatine. A
Bordeaux, j'eus la variole, dont je faillis mourir, et
mon père s'en prit au latin. Dès que je fus sur pied,
je m'appliquai à rattraper le temps perdu. Je mordis
si vigoureusement à la grappe que je m'en barbouil-
lai la bouche, les joues et les yeux. Grec, histoire,
algèbre, tout m'était bon et tout m'était égal ; j'a-
vais un de ces gros appétits qui empêchent de sentir
le goût de ce qu'on mange. J'étais fort en calcul, et
je faisais des vers français dont le sens était obscur ;
mais ils avaient tous leurs pieds, le compte y était.
Je sentais fermenter dans ma tête toutes les ambi-
tions vagues. Je voulais devenir bachelier, et après
on verrait. J'avais résolu d'être un grand homme,
dans quelque partie que ce fût, de prouver à mon
père que je n'étais pas un nigaud et, je vous le
répète, de faire honneur à ma mère. Hélas ! je ne
suis pas bachelier, et c'est un très petit insecte qui
en est cause.

Quand le phylloxéra eut commencé ses ravages et
qu'aux années grasses succédèrent les années maigres, mon père, qui parlait peu, ne parla plus du
tout. Il creusait un problème, il causait avec Jean
Berjac. Ceux qui n'étaient pas affolés se rassuraient
bêtement et disaient :

— Le phylloxéra s'en ira comme il est venu.

Mon père avait décidé que le phylloxéra ne s'en
irait qu'après avoir tout mangé. Il considérait que
le vigneron est un soldat de Dieu, condamné à défendre sa vie contre la gelée noire, la sécheresse, la
coulure, l'oïdium, le gribouri, la pyrale. Le nouvel

ennemi était plus redoutable, plus dévorant que tous les autres ; mais Jean Berjac aimait les batailles, il se battit. En vrai Saintongeais, il se donna le temps de réfléchir ; il interrogea sa terre, fit son enquête, ses essais. Sa résolution prise, rien ne put l'en faire démordre, et tandis qu'autour de lui on passait de la peur à l'espérance et de l'espérance à l'effarement, il arracha toutes ses vignes, les remplaça par des cépages américains, qu'il greffa à sa façon, qui était la bonne. A cinq ans de là, ses nouveaux plants étaient au moins en demi-rapport, et ses voisins, qui ne pouvaient plus dire : « Le mal s'en ira comme il était venu ! » — s'écriaient :

— Ce diable d'homme a toujours raison.

C'est quelque chose que d'avoir raison cinq ans avant tout le monde.

L'insecte ne mangea pas nos vignes ; mais il ruina mes projets. Dès le premier jour, quoi que ma mère pût lui dire, l'homme de qui dépendait mon sort avait déclaré que les temps étaient trop durs pour qu'il pût se passer de moi et de mes médiocres services, qu'un fils bachelier était un luxe que ses moyens ne lui permettaient plus de s'accorder. La veille de l'examen, je reçus l'ordre de venir reprendre mon licou. Ce fut un chagrin, presque un désespoir. Je me sentais comme arrêté en pleine croissance ; on condamnait le papillon à peine éclos à reployer ses ailes et à rentrer dans sa triste chrysalide, le futur grand homme devenait un apprenti vigneron ; je maudis la vigne et le dieu, couronné de pampres, qui nous l'a donnée. Je respectais mon père, je le craignais ; il trouva en moi un écolier docile, un serviteur empressé, sans me savoir aucun

gré de mes dures obéissances. Si je lui avais désobéi,
il m'aurait étranglé, et pourtant mon humble sou-
mission me diminuait à ses yeux. J'avais renoncé,
pour lui complaire, à mes études, à mon avenir, il
me regardait comme un être manqué, comme une
volonté lâche qui ne savait pas vouloir, et il n'esti-
mait que ceux qui veulent. Il plaisantait souvent
sur les fausses vocations, sur les petits jeunes gens
infatués d'eux-mêmes, prompts à se croire des gé-
nies et incapables d'ébourgeonner un sarment ou de
tailler un greffon. Souvent aussi, il croyait lire dans
mes yeux que j'avais appris le latin, que je méprisais
ceux qui ne le savent pas, et il écrasait dans l'œuf
mon orgueil très modeste. Ma bonne mère soutenait
mon courage ; elle ne se lassait pas de me répéter
que l'homme qui respecte son père quand son père
a tort appelle sur sa tête les faveurs du ciel, que
Dieu bénit sa vigne et sa vie ; c'était écrit dans sa
grande Bible, et sa grande Bible n'avait jamais
menti. Je fus privé trop tôt de ses consolations ; elle
n'avait pas quarante-neuf ans lorsqu'une pleurésie
l'emporta.

Mon père, quoiqu'il semblât ne tenir à rien, ne
put s'accoutumer à son veuvage ; il n'aimait pas
assez ses enfants pour avoir du plaisir à les gronder.
Il tomba en langueur, dans un dépérissement d'esprit et de corps ; il se consumait, séchait sur pied.
Il traîna quatre ans et s'en alla. Peu de jours avant
sa mort, il causa tête à tête avec ma sœur et lui
dit :

— Je me suis crevé de travail pour vous amasser
des écus ; comme vous allez les faire danser ! Sylvain, ton frère, est un niais ; si tu n'as pas l'œil sur

lui, il fera le gros monsieur, et les vignes seront
vendues.

Il causa ensuite avec moi et il me dit :

— Que les hommes sont bêtes de s'user de peine
pour leur postérité ! Jeanne, ta sœur, est une sotte ;
si tu ne la surveilles pas, elle voudra faire la dame,
et les vignes seront vendues.

Ainsi mourut ce juste, qui ne l'était pas pour ses
enfants. Vingt-quatre heures plus tard, à notre vive
surprise, nous apprenions qu'il laissait à chacun de
nous vingt-cinq mille francs de rente en bons titres,
sans parler des vignes, que nous n'avons pas vendues, que je ne vendrai jamais.

Non seulement ce sont de bonnes créatures, qui
d'année en année récompensent plus richement les
soins qu'on leur donne ; mais elles me rappellent
un gros homme voûté dont j'avais peur, une petite
femme toute ronde que j'adorais. Et puis, j'ai travaillé moi-même, bien malgré moi, à les planter.
J'avais parfois des distractions, des absences ; je
songeais à Bordeaux, à mes camarades, à la robe
noire de mes professeurs, à tout ce que j'avais perdu.
Il me semble que sous chacune de ces souches j'ai
enterré l'un de mes rêves ; ils dorment là, je n'entends pas qu'on les dérange. Non, je ne vendrai
jamais nos vignes. Elles me rapportent déjà beaucoup et elles me racontent des histoires.

Juge inconnu qui m'écoutes, remarque bien que
jusqu'à cet endroit de mon récit, je ne trouve rien
dans ma vie dont j'aie vraiment sujet de me plaindre. Mon père était dur ; il m'a endurci à la fatigue,
à la peine, je l'en remercie. Le phylloxéra m'a fait
beaucoup de tort ; si petit que soit un insecte, il faut

bien qu'il mange, et chacun mange ce qui lui convient. J'espérais devenir un jour quelque chose ; je ne suis qu'un humble vigneron ; je m'en console en pensant que tel bachelier n'est qu'un sot, que tel autre se débattra toute sa vie contre une misère noire. Ma bonne mère est morte avant l'âge, et ce coup m'a été cruel. Le pasteur qui arriva de Saintes pour la conduire au cimetière dit à mon père :

— Résignez-vous à la volonté de Dieu.

— Ne pouvait-il vouloir autre chose ? repartit mon père d'une voix creuse, et c'était la première fois qu'il ergotait contre la Providence.

Le pasteur lui remontra que Dieu veut toujours le bien de ses élus, et que certains maux apparents sont des biens. Le docteur Hervier, qui soignait depuis longtemps ma mère, m'a assuré que quand la pleurésie l'enleva, elle commençait une maladie de cœur, que de longues et vives souffrances lui ont été épargnées... Je suis un homme raisonnable, et jusqu'ici je ne me plains de rien ; mais voyons la suite.

Je comptais que ma sœur resterait auprès de moi, qu'elle tiendrait notre ménage. Elle y consentit d'abord. Nous convînmes que, sans faire le grand seigneur et la grande dame, nous vivrions en bourgeois. N'était-ce pas l'idée de notre mère ? Jeanne s'était promis de soigner désormais ses pauvres mains tannées et gercées, qui avaient tant tripoté dans les gros ouvrages que ce n'étaient plus des mains de femme. Mon père, cédant sur le tard aux instances de ma mère, avait acheté au-dessus de nos vignes un terrain pour y bâtir ; il l'avait fait niveler, avait amené les matériaux à pied d'œuvre et la bâtisse en était restée là. Dix-huit mois après sa mort, nous nous installions dans une maison toute neuve ; un entrepreneur venait de nous la construire sur un plan dessiné par moi. Comme celle où je suis né, elle se nomme Mon-Cep. Ce n'est pas un palais, c'est ce qu'on appelle aujourd'hui un joli cottage, propret, commode, bien distribué, bien planté, dont les murailles blanches, encadrées de briques rouges, du plus loin qu'on les aperçoit, ont bonne grâce et font plaisir aux yeux. Je pris un maître-valet ; je le logeai, lui et son monde, dans la vieille baraque, qui s'en allait et que je fis réparer soigneusement à cet effet.

J'étais content de mon sort, je le croyais fixé à jamais ; j'eus bientôt à décompter. Sans manquer à ma sœur Jeanne, j'oserai dire qu'elle ressemble en laid à mes parents. Au caractère âpre de mon père elle joint la sécheresse du ton, l'inquiétude de l'humeur. La piété de ma mère était douce, la sienne est aigre et discoureuse. Elle me reprochait d'être un orthodoxe à gros grains. J'avais plus d'ouverture d'esprit, plus de monde que cette recluse, qui n'a jamais vu Bordeaux ; je m'étais frotté à mon siècle, et ma vieille foi huguenote avait émoussé ses angles. Je respectais infiniment Dieu le Père ; je m'occupais peu du Fils et pas du tout du Saint-Esprit.

Sur les querelles religieuses se greffèrent des tracasseries domestiques. Ma sœur le prenait de très haut avec la vieille Francine, notre cuisinière, qui avait servi longtemps chez nos parents et à qui ma mère avait appris toutes ses recettes. C'étaient des picoteries continuelles. Je fis en toute douceur quelques remontrances à Jeanne. Elle se gendarma, m'annonça un matin qu'elle me quittait pour se retirer à Saintes chez une vieille cousine, qui a du goût pour la haute dévotion. Je cherchai vainement à la retenir ; elle a, comme mon père, la volonté brusque et tenace. Nous nous voyons peu, mais nous ne sommes pas brouillés. Elle me charge de cultiver sa portion de vignes ; déduction faite des frais, je lui en sers chaque année le revenu et je lui rends mes comptes qu'elle fait examiner par un homme d'affaires, lequel jusqu'à aujourd'hui n'y a rien trouvé à reprendre.

Je n'ai pas l'humeur solitaire ; après le départ de ma sœur, ma maison me parut trop grande. Je ne songeai pourtant pas tout de suite à me marier ; j'avais entendu dire à mon père que c'est l'affaire de ce monde qui demande le plus de réflexions ; je n'avais pas encore assez réfléchi. Je renouai connaissance avec quelques amis que j'avais négligés ou perdus de vue, et je m'imaginai que les amitiés suffisent à remplir la vie.

Parmi mes anciens camarades de collège, Félicien Jalizert était celui que j'avais toujours préféré. Il m'attirait par le charme de sa simplicité, par l'abandon de ses manières et de sa confiance, par son bon sourire, qui annonçait un millier de bonnes intentions ; j'en avais aussi, nous étions bien assortis, faits pour nous convenir. J'allai le voir à Rochefort, où son père lui avait laissé en héritage une fabrique de bâches et de prélarts mal outillée, qu'il s'occupait à remonter. Il me présenta à sa jeune femme, petite brune très vive, très sémillante, dont les grands yeux noirs remuaient et parlaient beaucoup. Elle était vraiment trop jolie pour lui ; ce pauvre garçon était défiguré par une grande tache lie de vin, qui lui couvrait toute la joue droite ; mais la douceur du sourire faisait oublier la tache.

Quelques mois plus tard, il m'appelait auprès de lui par une lettre pressante. Je trouvai un homme rongé de soucis, de chagrins, qui m'expliqua qu'il avait à payer une grosse échéance, qu'il ne savait où prendre l'argent. Il avait dû emprunter pour outiller et agrandir sa fabrique ; il avait compté sur des rentrées qui lui manquaient. Il était sujet aux illusions, s'égarait souvent dans ses calculs ; il croyait que les choses s'arrangeaient dans la vie comme dans sa tête, que les chiffres étaient d'aussi bons garçons que lui, et rien n'est plus rétif qu'un chiffre.

— Si je n'ai pas soixante mille francs avant huit jours, me dit-il, je suis un homme perdu.

— Tu les auras demain, lui répondis-je.

Il me déclara que j'étais le roi des amis ; il pleurait, m'embrassait, et sa petite femme grillait d'envie de m'embrasser, elle aussi : je ne lui avais jamais vu les yeux si brillants, si chauds ; il y avait de la flamme et du pétard dans ces yeux-là. Je me félicitais de ma bonne action ; pendant les trois heures que dura notre entrevue, j'eus de la joie pour plus de soixante mille francs.

Cette bonne action m'en fit faire une autre qui me coûta bien davantage. De ce jour, nous nous vîmes souvent. Je partais brusquement un matin, ''allais frapper à leur porte en disant :

— C'est moi !

Et me voyant entrer, Mme Jalizert s'écriait :

— C'est lui !

A leur tour, ils venaient quelquefois amuser leur dimanche à Mon-Cep. J'invitais le docteur Hervier,

avec d'autres bons vivants. On jouait aux boules,
au tonneau, on buvait sec, on plaisantait, on disait
le mot et la chose ; Mme Jalizert promenait au milieu
de ces gaietés sa petite taille ronde, ses rubans roses
et son sourire coquet.

Un jour, je crus m'apercevoir qu'elle avait souvent les yeux braqués sur moi et que les miens
trottaient autour de sa jupe, autour de son fichu,
qu'ils y retournaient sans cesse comme va le chat
au garde-manger. Pour la première fois, je compris
que les yeux ont leur gourmandise et un goût particulier pour les nourritures dangereuses. Du matin
au soir, quand Mme Ninette Jalizert venait à Mon-
Cep, elle y remplissait l'office de maîtresse de maison. Elle s'inquiétait de ceci, de cela, donnait ses
ordres à Francine, réglait tout à son plaisir. A dîner,
elle s'asseyait en face de moi et faisait les honneurs.
Ce jour-là, après le potage, le docteur Hervier s'a-
visa de lui crier à travers la table :

— Dites-nous un peu quel est le menu, madame
Sylvain Berjac.

Tout le monde se mit à rire, et Félicien, qui riait
plus fort que tout le monde, se pencha vers moi
pour me dire :

— Je te la prête, je ne te la donne pas.

Je me sentis rougir jusqu'à la racine des cheveux ;
il me semblait que ma tête était devenue transpa-
rente, qu'on pouvait voir tout ce qu'il y avait de-
dans.

Quinze jours après, l'un des premiers dimanches
du mois d'octobre, ils étaient là, elle et lui. Je leur
avais promis de les conduire à la pêche aux écre-
visses ; une pluie fine, mais persistante, contrariait

notre projet. Pour tuer le temps, Félicien, qui était un chasseur aussi intrépide que maladroit, imagina d'aller tirer une grive dans mes vignes, et, quoi que je pusse lui dire, il s'obstina dans sa malencontreuse idée.

— Sylvain, me dit-il, dévoue-toi, mon fils, mets-toi en frais pour la désennuyer.

Il sortit et me voilà seul avec elle, l'un à droite, l'autre à gauche d'une cheminée où flambait un feu de sarments. Elle m'avait fait la surprise de me broder un beau coussin de tapisserie. Il restait encore quelques points à faire. Elle ouvrit son petit nécessaire en acajou, choisit ses laines, enfila son aiguille et, les yeux collés sur son ouvrage, elle travaillait silencieusement. Mais je crus deviner qu'elle n'était pas tranquille, qu'elle respirait avec embarras, qu'il se passait quelque chose sous son fichu de batiste, qui montait et descendait.

J'étais moi-même fort ému ; je me disais :

— Mon Dieu ! qu'elle est jolie !

— Oui, mais elle n'est pas à toi.

— Elle ne se défendrait pas, elle serait aussi facile à cueillir qu'une fleur au bord d'un chemin.

— Oui, mais c'est la femme de ton meilleur ami.

— Est-ce ma faute s'il a une grande tache couleur lie de vin sur la joue droite ?

— Non, mais il est ton obligé, tu lui as prêté soixante mille francs.

— Mon Dieu ! qu'elle est jolie !

— Oui, mais les trahisons ont un vilain visage, et tout à l'heure, quand tu reverras l'homme à la tache, il t'en coûtera de lui serrer la main.

Et je crus entendre une grosse voix qui criait :

— Tu ne lui prendras ni une parcelle de son champ, ni le plus petit morceau de sa femme !

Cette grosse voix était apparemment celle de mon père, et je me dressai sur mes pieds, en disant que j'avais des ordres à donner à mon maître-valet, qu'il s'agissait d'une affaire pressante.

Elle leva vivement le nez de dessus sa broderie et me répliqua qu'une autre affaire pressait davantage, qu'elle avait un écheveau de laine à dévider, que faute d'un dévidoir, elle me priait et au besoin m'ordonnait de lui prêter mes deux mains. L'instant d'après, j'étais assis en face d'elle, regardant tour à tour ses petits pieds, ses genoux, ses épaules, sa bouche en cerise, où était monté subitement comme un flux de paroles.

Elle me parlait de petites contrariétés qu'elle avait eues dans son ménage. Tout n'allait pas comme on voulait. Les jeunes filles faisaient des rêves et, en se mariant, elles s'avisaient que la vie ne ressemble pas à un rêve. On avait des chagrins, quelquefois aussi des plaisirs, mais courts, fugitifs et mêlés d'ennui. On se disait : « Il doit pourtant y avoir quelque part dans le monde de grands bonheurs qui se cachent. » On les cherchait, on ne les trouvait pas et on rentrait dans son ennui... Elle était arrivée presque en même temps à la fin de son écheveau et au bout de son discours. Elle fit danser son peloton entre ses mains et dit comme à la volée :

— Voyons, mon beau monsieur, qu'avez-vous inventé pour me désennuyer ?

Je m'armai de résolution, je répondis :

— J'ai bien envie de vous faire un petit doigt de cour.

Son regard pétilla de plaisir. C'était bien ce qu'elle attendait, elle était contente de ne s'être pas trompée.

— Je savais, me dit-elle, qu'un jour ou l'autre il faudrait en passer par là. Vous êtes tous les mêmes... Allez-y donc, je vous écoute, cela m'amusera... Ainsi vous me trouvez jolie ?

— Très jolie.

Le peloton roula à terre. Elle avait avancé la tête. Elle me regardait de côté. Ses joues étaient en feu, sa taille était à la portée de ma main, sa bouche juste à la hauteur de la mienne, et ses yeux entraient dans mes yeux comme des clous et me disaient : « Ose donc, imbécile ! » Je ne savais où j'en étais, je voyais trouble. Mais les femmes sont quelquefois maladroites. Elle s'avisa de me dire :

— Vraiment, j'admire la confiance de mon mari. J'ai deviné tout de suite, malgré vos airs placides, que vous étiez un homme très dangereux... Il est vrai qu'après ce que vous avez fait pour nous, vous pouvez vous croire tous les droits.

L'imbécile, qui la minute d'avant se croyait capable de tout oser, recula précipitamment sa chaise. Cependant, pour sauver sa retraite et n'avoir pas l'air d'un sot, il prit une main qu'on lui tendait, il toucha du bout de ses lèvres de jolis ongles roses ; puis il ramassa un peloton qu'il déposa sur les genoux d'une petite femme brune qui l'eût souffleté de grand cœur, et il sortit en disant :

— Excusez-moi, mon maître-valet m'attend.

Quand Félicien fut las de courir après ses grives, il rentra sans rien rapporter ; mais je lui rendis sa femme telle qu'il l'avait laissée... « Pas le plus petit

morceau ! » comme le disait mon père. Et vraiment
je fus tenté de le remercier du plaisir que j'avais à
lui serrer, à lui secouer les deux mains. Dès lors, j'é-
vitai soigneusement toute occasion de me retrouver
tête à tête avec Mme Jalizert. Au reste, elle ne les
cherchait plus, elle me parlait d'un ton sec, pincé.
Il y a des choses que les femmes ne pardonnent
pas.

— Je ne sais pas ce que tu as fait à Ninette, me
dit un jour Félicien. Elle a une dent contre toi.

— On assure, lui répondis-je en cherchant mes
mots, que, dans certaines situations, les femmes ont
des caprices. Est-ce que par hasard... ?

Il mit son doigt sur sa bouche.

— Eh oui ! il est en chemin. Croirais-tu que je
désespérais d'en avoir jamais un ? Sylvain, depuis
que nous avons renoué amitié, la joie est entrée
dans ma maison.

Et son bon sourire candide, qui n'a jamais soup-
çonné personne, me bénissait des pieds à la tête.

Il m'arrivait souvent encore de penser aux grands
yeux noirs de Mme Jalizert ; j'en conclus que je devais me marier, que le plus tôt serait le mieux.

Il y avait à cinq kilomètres de Mon-Cep un castel
flanqué de deux tours rondes, dont le propriétaire,
petit gentilhomme à lièvre, s'appelait pompeuse-
ment M. le comte de Roybaz. La maladie avait dé-
voré ses vignes ; on lui parlait souvent des miennes,
il vint les voir, me demanda des conseils. Je n'ai
jamais refusé de rendre un service à mes voisins. A
quelques jours de là, je déjeunais chez ce comte avec
sa femme et sa fille. Mlle Hermine de Roybaz n'était
ni jolie ni belle ; mais il ne faut pas mentir, et je

dois avouer qu'elle était bien faite, qu'elle avait de la tournure, de superbes épaules, beaucoup d'entregent, beaucoup d'agrément dans les manières, une grâce attirante, de beaux yeux verts comme ceux d'une chatte, des yeux très luisants, des yeux qui riaient et je ne sais quoi de prenant dans le regard. Je fus pris.

Dès notre première rencontre, la mère et la fille m'avaient fait bon visage. Nous nous revîmes plus d'une fois ; chaque fois, leur accueil était plus chaud, et j'en vins à me persuader que, dans cette gentilhommière, on ne rougissait pas des mésalliances, que si jamais Sylvain Berjac demandait la main de Mˡˡᵉ de Roybaz, il aurait dix chances contre une d'être agréé. Mais j'hésitais, je pesais mes raisons dans mes petites balances ; me sentant le maître du jeu, je retardais ma décision, je laissais la porte ouverte au repentir.

Sur ces entrefaites, ma sœur, qui avait des intérêts à régler avec moi, vint passer une journée à Mon-Cep et trouva son moment pour me notifier que mes assiduités chez M. de Roybaz avaient été remarquées, qu'on en jasait.

— Jure-moi, Sylvain, que tu n'épouseras jamais cette demoiselle.

— Il ne faut jurer de rien, répondis-je. Qu'as-tu donc à lui reprocher ?

— D'abord, elle est catholique, reprit-elle de son ton le plus rogue. Serais-tu capable de renier la foi de tes pères ?

Je lui répliquai que si jamais j'épousais une catholique, je m'arrangerais pour lui laisser sa religion et pour garder la mienne.

— Mais tu es donc aveugle ? s'écria-t-elle. Tu n'as pas su découvrir que Mlle de Roybaz est une fille légère, sans principes, trop facile, trop libre dans ses manières, que ses parents sont fort en peine de la caser.

— Comment le sais-tu ? De qui peux-tu bien tenir tes informations charitables ?

Elle les tenait de notre vieille cousine, qui les tenait elle-même d'une commère de ses amies, laquelle les tenait d'une marchande de légumes, renseignée par un coquetier. Comme elle insistait :

— Plus un mot, lui dis-je en m'échauffant, ou j'épouse.

Et je lui déclarai que j'étais assez grand pour voir à me conduire, que je méprisais les caquets, que j'avais peu d'estime pour les gens qui les pondent, pour ceux qui les couvent et pour ceux qui les portent au marché. Elle se fâcha ; si doux que je sois, je me fâchai aussi et nous nous quittâmes en d'assez mauvais termes. Ma sœur ne se trompe pas toujours, elle ne manque pas de jugement, on se trouverait bien de suivre quelquefois ses avis. Mais elle a l'esprit aigre, la raison amère et irritante, la fureur de prendre les hommes comme les affaires à rebrousse-poil. Loin de rien gagner sur moi, elle était allée à contre-fin, et j'éprouvais un violent désir de prouver aux vieilles cousines, aux marchandes de légumes et à tous les coquetiers de la terre le peu de compte que je faisais de leurs odieux commérages.

Cependant j'hésitais toujours. Mlle de Roybaz me plaisait, m'attirait ; j'étais pris, mais je me sentais capable de me déprendre. Un malheur inattendu

et un entretien que j'eus avec Mme de Roybaz me
décidèrent. Son mari était un homme sanguin, de
complexion apoplectique et d'humeur colère. Un
matin, ayant surpris deux maraudeurs à dévaliser
un de ses espaliers, il fondit sur eux, la canne à la
main, et, tout à coup, il s'arrêta, la canne en l'air,
la bouche ouverte, les yeux tournés, et il s'affaissa
comme une masse. Quand on le releva, il était mort.
Mme de Roybaz fut si affectée de ce triste événement
qu'elle tomba malade et s'alita. Dix jours après
l'enterrement, j'allai prendre de ses nouvelles. Je
la trouvai debout, mais agitée d'un tremblement
nerveux, les yeux rouges, et je crus deviner qu'à
son chagrin se mêlait de grandes inquiétudes d'esprit. Je la questionnai ; elle me confessa que M. de
Roybaz avait toujours dépensé au delà de son revenu, qu'il laissait une succession fort embrouillée,
que les terres étaient hypothéquées jusqu'aux deux
tiers de leur valeur, que, selon toute apparence,
après avoir exercé ses reprises, elle aurait tout juste
de quoi vivre et qu'elle plaignait sa pauvre fille,
qui, se croyant riche, connaîtrait les privations et
la gêne.

Son émotion me gagna.

— Madame, m'écriai-je dans un élan du cœur,
votre fille n'aura besoin de se priver de rien si elle
consent à épouser un homme qui l'aime et qui a
l'honneur en ce moment de vous demander sa main.

Ses yeux brillèrent de joie ; il se fit comme une
éclaircie dans son deuil, et sa longue robe de crêpe
noir me sembla moins lugubre. Cette tendre mère
m'avoua que sa fille avait du goût pour moi. On la
fit venir. Elle s'étonna d'abord qu'on osât lui par-

ler de mariage quand son père venait de mourir ;
sa piété filiale et sa modestie s'en indignaient. Elle
finit par entendre raison, et je partis content, fier
de moi. Il me parut que j'avais agi en galant homme,
en homme de cœur, que je me mariais par générosité autant que par amour. Je me disais : « Ma
femme, qui me devra tout, se croira tenue de m'aimer beaucoup, de me rendre heureux, et Dieu le
Père, comme ma bonne mère me l'a promis, bénira
ma vigne et ma vie. »

J'ai hérité du vigneron qui m'a tenu sous sa dure
discipline l'art de vendre et la science des gains
honnêtes. Grâce à moi, le castel fut vendu très vite,
à bon prix, sans que l'acheteur eût à se plaindre.
Mme de Roybaz accepta provisoirement l'hospitalité que lui offrait un de ses beaux-frères, possesseur
d'un château près de Royan. Ma charmante future
s'éloignait de moi ; mais j'ai de bonnes jambes et
j'étais souvent sur la route qui conduisait chez elle.
La pauvre enfant avait le cœur sensible ; elle regrettait sincèrement son père, qui avait toujours
été son très humble serviteur. Peu à peu elle se
calma ; le plaisir de me voir l'emporta sur le chagrin ; ses yeux recommencèrent à rire. Pendant tout
le temps que durèrent nos fiançailles, il ne lui échappa
ni une parole ni un geste qui pût me déplaire ; il y
avait de la réserve dans son abandon, de l'abandon
dans sa réserve, et je me moquais des coquetiers.
Au début, j'étais plus pressé qu'elle, j'avais hâte
d'être heureux. Elle me demandait du temps, puis
elle se ravisa ; il fut décidé entre nous que, sans
manquer aux convenances et au respect qu'on doit
aux morts, nous pourrions nous marier sans atten-

dre la fin de son deuil, à quoi Mme de Roybaz consentit de grand cœur.

Mais il survint une difficulté, et il s'en fallut de peu que tout ne fût rompu. Le curé de mon village, l'abbé Poncel, exigeait, pour bénir notre union, que je prisse l'engagement d'élever toute ma progéniture dans la confession catholique romaine. Je ne voulais pas lui faire ce présent ; il me semblait juste, équitable, que mes fils, si j'en avais, fussent parpaillots comme leur père, que mes filles, s'il m'en venait, fussent catholiques comme leur mère. L'abbé s'entêta, je me raidis. On s'adressa à monseigneur, qui fut intraitable. Mme de Roybaz avait écrit à Rome et sollicitait vainement une réponse. Elle n'épargnait rien pour me ramener ; elle me tournait et me retournait ; mais, si doux qu'ils soient, les Berjac n'ont qu'une parole. Personne ne voulant céder, notre procès resta accroché pendant quelques semaines. Enfin, Mlle de Roybaz, qui désespérait de me voir mollir, perdit patience, déclara que, puisque l'Église était déraisonnable, elle se passerait de sa bénédiction. Sa mère se rendit et je lui promis en retour que désormais à Mon-Cep, le maître de la maison, tout le premier, donnerait l'exemple de manger maigre le vendredi.

Notre mariage ne fut béni qu'au temple. Catholiques et protestants, tout Saintes y assistait, à l'exception de ma sœur. Je l'avais suppliée d'y paraître ; elle resta sous sa tente. Tant de désagréments m'avaient remué les nerfs, et, au cours de la cérémonie, je fus pris d'un bourdonnement d'oreilles fort incommode. C'était comme un bruit de cloches que j'entendais tinter et parfois sonner à pleine volée. Mais, quand les yeux sont contents, ils ne se laissent pas déranger dans leur bonheur par un tintement d'oreilles. S'il faut tout dire, la veille de mon mariage, je n'étais encore amoureux qu'à moitié ; le lendemain, je l'étais éperdument, et je m'étonnais de découvrir qu'un Berjac pouvait avoir son grain de folie. De temps immémorial, cela n'était jamais arrivé.

Ma folie ne dura guère ; on y mit bon ordre. Je regardais la vie d'un jeune ménage comme une étroite communauté de la chair et de l'esprit, comme un état de choses où l'on croit recevoir ce que l'on donne et donner ce que l'on reçoit, où les devoirs se confondent avec les plaisirs, où les joies des yeux et des sens sont bénies et pures de tout reproche, comme un bonheur abondant, tranquille, honnête et gras, qui remplit l'âme et que le cœur rumine lentement. Sans doute, on ne se voit pas toujours ; c'est un personnage ridicule qu'un jeune marié qui se coud à la jupe de sa femme. On a ses affaires, son maître-valet, ses ouvriers, ses vendanges, sa distillerie, ses chais à surveiller, ses barriques et ses factures à expédier. Mais, au milieu de ses occupations, on songe aux plaisirs qu'on a eus, à ceux qu'on aura tantôt, comme la vache dans son pâturage, où elle a de l'herbe jusqu'au fanon, se souvient de celle qu'elle a mangée et pense à celle qu'elle mangera, et il y a dans l'air un parfum, une douceur répandue qu'on respire et qu'on boit. Durant plusieurs semaines, en revenant de mes vignes ou d'ailleurs, du plus loin que je la voyais, ma maison me semblait en gaieté et parée pour une fête. Je me hâtais, je m'essoufflais en gravissant la côte, j'ar-

rivais tout en sueur, et, pour me reprendre, je me
recueillais un instant à quelques pas de mon seuil.
C'est un bon visage à regarder que celui d'une porte
derrière laquelle il y a quelqu'un qui nous attend.

J'ai dit que ma folie ne dura guère. J'en fus radi-
calement guéri le jour où ma femme me fit sentir
qu'une fille de comte ruiné, qui épouse un petit
bourgeois dans l'aisance, lui fait beaucoup d'honneur, que c'était moi qui lui en redevais. Lorsqu'elle
me signifia cette sentence, je venais d'allumer un
cigare, en tâchant d'oublier ma pauvre pipe de
bruyère, qu'elle avait mise en interdit. Dans mon
trouble, je portai à ma bouche le bout allumé et je
me brûlai cruellement. Je contins mon étonnement
et mon indignation ; d'un ton bénin, je représentai
à cette princesse sans dot que certains titres s'a-
chètent, qu'on les acquiert facilement à Rome en
acquittant un droit de finance, qu'un comte par la
grâce du pape n'est qu'un demi-comte, que toute
sa famille appartenait à la bonne ou, si elle l'aimait
mieux, à la grande bourgeoisie, mais qu'on ne sait
pas bien où commence la grande et où finit la petite. Elle s'effaroucha de mes explications, me bouda
deux jours entiers, après quoi elle me fit grâce.

Depuis ce malheureux moment, elle ne contrai-
gnit plus son humeur, qui s'accordait mal avec la
mienne. J'ai appris à mes dépens qu'il y a dans la
femme qu'on épouse et qu'on croit connaître une
inconnue, qui n'attend que l'occasion de se montrer ; ce n'est pas elle qu'on a épousée, mais c'est
avec elle qu'il faut vivre. L'inconnue venait de m'apparaître ; elle me plaisait peu, et ses goûts étaient
tout le contraire des miens. Je mettais le bonheur

dans la régularité et le repos des habitudes ; elle
mettait le sien dans le mouvement, dans l'agitation
perpétuelle, dans les projets, dans les dissipations,
et chaque soir elle ne s'endormait qu'après s'être
demandé : « Que pourrai-je faire demain que je
n'aie pas fait aujourd'hui ? »

Elle était toujours en l'air, toujours en course.
Ses tantes, ses cousines, ses amies la réclamaient,
et d'amie en amie, de babil en babil, elle s'en allait
souvent fort loin. Souvent aussi, touchée d'une subite sollicitude pour la santé de sa mère, qu'elle
aimait peu, et croyant éprouver un violent désir
de l'embrasser, elle trottait dans la poussière des
chemins sans me prévenir, et je recevais une dépêche ainsi conçue : « Ma mère me garde, ne m'at-
tendez pas. »

Je crois vraiment qu'elle était bien aise d'avoir
une maison pour avoir le plaisir d'en sortir. Si d'a-
venture elle y restait la moitié d'une journée, elle
l'employait à ses écritures. Elle avait des nouvelles
à donner, à demander à toute la terre, et quand je
disais à sa soubrette, que je ne pouvais souffrir :
« Où est donc madame ? » — cette pécore me répondait avec un sourire agréable : « Eh ! monsieur
le sait bien, madame écrit. »

J'allais relancer dans sa chambre cette écriveuse,
je l'entretenais de mes petites affaires ; elle ne m'é-
coutait pas. Le soir, je lui proposais de jouer une
partie de besigue ou de trictrac ; elle y consentait
lugubrement, la mort dans les yeux. Tout en jouant
je lui disais de petites douceurs ; elle affectait de
ne pas m'entendre, et son impertinent ennui me
bâillait au nez.

Je m'étais marié pour avoir un intérieur, je n'en avais point. Ma femme m'échappait, elle était aux autres plus qu'à moi. J'appelais l'enfant de tous mes vœux ; j'osais croire que l'enfant la tiendrait, qu'elle serait sa prisonnière. Il y a de petites menottes qui serrent très fort, qui sont des crochets et des chaînes. Hélas ! l'enfant ne venait pas. Je m'avisai d'autre chose en attendant. Je représentai à Mme Sylvain Berjac, née Hermine de Roybaz, qu'au lieu de courir après sa mère, ses parents, ses alliés, ses amis, elle ferait mieux de les attirer à Mon-Cep, qu'elle n'y perdrait rien et que j'y gagnerais, que mes hôtes me procureraient au moins le plaisir de ravoir ma femme. Elle parut goûter mon idée, mais elle m'objecta la petitesse de ma maison. Bien à contre-cœur, je mis les maçons à l'œuvre ; je fis construire une aile en retour, qui pouvait contenir six logements. Mme Berjac présida elle-même à cette bâtisse, où elle n'épargna ni les pilastres ni les balustres. Elle ne courait plus, ses maçons l'amusaient. L'année suivante, les six logements étaient occupés. Le nombre de ses proches était incalculable ; ils foisonnaient, il en sortait de dessous terre. L'un parti, un autre prenait sa place. On arrivait, on s'installait, on ne démarrait plus. Je faisais bon visage à tout ce monde ; je maugréais, je pestais, le sourire aux lèvres. J'aime le bruit du marteau, de la scie, de la ripe ; ce sont des bruits utiles ; mais le tapage de l'oisiveté m'attriste. Il fallait divertir ces oisifs. On eut des voitures, des bourriquets, des chevaux à deux fins, des cochers. La pauvre Francine était excédée de travail : il fallut lui donner un renfort. Je ne dînais plus seul,

j'avais procuré de la compagnie à mon assiette ;
mais mon dîner me coûtait cher. Heureusement,
mes vignes travaillaient ; elles semblaient prévoir
qu'il y aurait quelque jour des trous à boucher.

Il se trouvait dans l'innombrable famille de ma
femme plus d'un visage qui ne me revenait point.
Le plus déplaisant de tous était celui d'un petit
rousseau de vingt ans à peine, qui prenait grand
soin de sa moustache naissante. Il avait sur moi
l'avantage d'être bachelier, et il se destinait à la
diplomatie ; il s'y destinera jusqu'à sa mort, son
vrai destin est de ne rien faire, de n'être jamais
qu'un vilain petit rousseau. Ma femme l'appelait
le petit cousin, parce qu'il avait cinq ou six ans de
moins qu'elle ; je l'appelais le macaque, parce que
je lui en trouvais la grimace et que ses longs bras
fluets descendaient jusqu'à ses genoux. Il se piquait
d'exceller dans tous les genres de sport, comme on
dit à Paris, d'où il arrivait, et je dois reconnaître
qu'il était bon écuyer. Mais il m'irritait par ses façons cavalières. Ce petit homme très avantageux
avait le verbe haut et décisif, l'air et la chanson
d'un fat qu'il était. Vraiment, il abusait du parentage ; il était sans cesse fourré à Mon-Cep et il avait
l'art de me rencontrer sans me reconnaître, de me
regarder de ses petits yeux clignotants sans réussir
à m'apercevoir, ou je lui apparaissais comme un
ciron perdu dans un fromage, et il ne semblait pas
se douter que le fromage était à moi. Je trouvai
cependant l'occasion de me réconcilier avec lui :
je lui sauvai la vie, on veut toujours du bien à ses
obligés. Nous étions allés au mois de juillet passer
quelques jours à Royan ; le petit cousin ne tarda

pas à nous y rejoindre. Le lendemain, comme nous nous baignions, lui et moi, il s'avisa de faire des exploits, il s'avança trop au large, les forces lui manquèrent tout à coup, il n'eut que le temps de pousser un cri et il disparut. Je suis un médiocre écuyer, mais un très bon nageur, et bien lui en prit. Je dus plonger trois fois avant de le repêcher, je faillis me noyer en le cherchant. Enfin je le trouvai, je le ramenai. On le croyait mort, il ne l'était pas, et de ce jour il me témoigna quelques égards.

Ma mère se plaisait à dire que la patience est divine, qu'elle fait des miracles, que rien ne lui résiste, qu'elle vient à bout de tout. J'étais marié depuis trois ans lorsque ma femme, obéissant à je ne sais quelle heureuse inspiration, parut se rapprocher de moi. Je dois lui rendre la justice qu'elle ne me traitait pas en ennemi, qu'elle ne me poursuivait point de sa haine, qu'elle me rangeait parmi les indifférents. Tout à coup, comme par l'effet d'un charme miraculeux, elle me fit meilleur visage ; on eût dit qu'elle me trouvait à son goût ; elle avait des soins, des chatteries ; il lui arriva même, dans un moment de tête-à-tête, de s'asseoir sur mes genoux et de me passer la main dans les cheveux. Aussi ému que surpris de ce soudain changement, je sentis se réveiller en moi un vieil amour qui dormait depuis longtemps sous sa remise et que je croyais condamné à n'en jamais sortir. On l'avait rebuté, on lui faisait des avances ; après un long éloignement, ma femme me revenait. Je fêtai cet aimable retour, en me disant que les femmes ont des caprices, qu'il faut prendre son parti des mauvais, profiter des bons. J'étais étonné, j'étais heureux ; je louais la sagesse de ma mère et la divine patience qui fait des miracles.

Je crois me rappeler que, vers le même temps, toutes les personnes qui m'approchaient ou que je rencontrais dans les grands chemins semblaient m'examiner avec une attention particulière. Les unes témoignaient à ce bon M. Sylvain Berjac une affectueuse commisération, les autres lui parlaient sur un ton de légère ironie. Ce bon M. Berjac ne s'en avisa pas tout de suite, ce détail ne lui est revenu que plus tard. On se souvient de certaines choses qu'on n'avait pas remarquées dans le moment ; c'est comme un débrouillement de sensations confuses, qui étaient restées dans la peau, sans pénétrer jusqu'à l'âme ; une secousse subite les y fait entrer, et on ressent après coup ce qu'on croyait n'avoir pas senti. J'étais content de mon nouveau sort, le contentement n'entend malice à rien.

Un matin, je fus appelé à Rochefort par une dépêche et par une affaire de conséquence qui devait m'y retenir plus d'un jour. Il se trouva par le plus grand des hasards que les hôtes que nous avions venaient de partir sans être remplacés, qu'il n'y avait à Mon-Cep, ce jour-là, ni oncle ni tante, ni cousin ni cousine, ni poil ni plume. Quand j'annonçai à ma femme que je partais et ne serais de retour que le lendemain dans la soirée, cette roucoulante colombe m'adressa les plus doux reproches ; elle se plaignit des petits maris qui s'en vont en laissant leur petite femme toute seule, quand ils savent qu'elle n'aime pas les endroits déserts et qu'elle a peur la nuit. Je me moquai d'elle, je l'embrassai, je me mis en route.

L'affaire que j'avais à traiter fut, contre mon
attente, réglée en quelques minutes. Je trouvai des
gens d'humeur facile, qui ne demandaient qu'à s'arranger, et je résolus de retourner le soir même à
Mon-Cep, de faire cette agréable surprise à une petite femme qui avait peur la nuit. Je ne pouvais
pas repartir sans donner le bonjour à Félicien. Il
m'offrit avec empressement son dîner, dont il avança
l'heure. Ce cher Félicien n'avait plus rien à sou-
haiter. Ses affaires prospéraient ; sa petite famille
s'accroissait comme à plaisir. Après le premier enfant, qui s'était fait attendre, il en était venu deux
autres, tous sans tare, sans aucune tache sur la joue
droite. Ils étaient les délices et l'orgueil de leur mère,
qui ne vivait que pour eux. Elle n'était plus coquette, elle ne se souvenait même plus de l'avoir
été ni qu'il se fût rien passé entre nous ; les femmes
ont une merveilleuse faculté d'oubli. Elle n'avait
pour moi désormais qu'une amitié fort tranquille,
accompagnée du vif désir de me faire admirer un
gros poupon, frais et dodu, qu'elle nourrissait elle-
même et mangeait de baisers. Je l'admirai, je le
caressai, et je me disais : « C'est un paradis que
cette maison ; il n'aurait tenu qu'à moi que ce paradis fût un enfer. »

Je n'attendis pas le dernier train pour me transporter à Saintes, où je me procurai sans peine une
voiture attelée de deux petits chevaux qui allaient
comme le vent. Pendant qu'ils allaient, je conver-
sais avec Sylvain Berjac. Quoique ce fût une nuit
du milieu de novembre, l'air était presque tiède, et
je le trouvais bon à respirer. J'étais dans une disposition d'esprit très agréable, très douce. Je pensais

avec attendrissement au tranquille ménage que je
venais de quitter, à l'heureux Jalizert qui me devait son bonheur, à cette Ninette qui n'était plus
coquette et qui me devait en partie sa vertu ; j'a-
vais commencé l'ouvrage, les enfants n'étaient venus qu'après. Je pensais avec plus de mélancolie au
gros poupon que j'avais caressé. Que n'était-il à
moi ! Mais je me flattais encore que quelque jour
j'en aurais un, moi aussi. Tout allait mieux depuis
quelque temps, tout finirait par aller bien ; ce n'é-
tait pas la perfection, on s'en approchait, grâce à
la divine patience et à ses miracles.

Au bas de la côte, je sentis le besoin de me dé-
gourdir les jambes. Je quittai ma voiture et fis à
pied le reste du chemin. La lune, dans son décours,
venait de se lever ; l'horloge de mon village sonna
minuit, et, au même instant, un chien de ferme se
mit à aboyer, puis un second, puis un troisième.
C'étaient tour à tour des cris de colère ou des gé-
missements, de longues plaintes traînantes, et je
n'avais jamais entendu tant de chiens aboyer si
fort et si longtemps. Ils semblaient protester contre
quelque désordre, contre je ne sais quoi de hideux
qui se passait quelque part. Mais sans doute c'était
à la lune qu'ils en avaient, n'ayant jamais pu se
réconcilier avec cette face blême où je croyais voir,
en cet instant, le divin visage d'une bonne Providence se levant sur les collines pour regarder le
monde qu'elle a créé et s'assurer que tout, les choses
comme les cœurs, était en ordre et à sa place.

J'aperçus enfin ma maison, dont les girouettes
jetaient des étincelles et dont les murailles étaient
toutes blanches, et je songeai que derrière ces mu-

railles, qui brillaient comme de l'argent, il y avait
une chère et bizarre créature, très personnelle, fort
capricieuse, mais sujette aux bons repentirs. Elle
ne m'attendait pas, et sans doute elle dormait. Je
comptais lui dire en la réveillant : « Eh bien ! vous
aime-t-on ? Est-on pressé de vous revoir ? »

L'idée me vint de l'effrayer un peu, avant de la
rassurer à ma façon. Je rentrai chez moi sans bruit,
par une petite porte dont j'avais la clef. Je monte
à pas de voleur un escalier, j'arrive à une seconde
porte, devant laquelle je m'arrête un instant pour
respirer. Tout à coup je tressaille ; j'ai cru entendre
un léger murmure, un chuchotement mêlé de petits
rires étouffés. J'écoute ; je ne m'étais pas trompé,
on riait, on chuchotait. Ma première pensée fut que,
dans sa frayeur de rester seule, elle avait fait coucher sa soubrette dans sa chambre ; mais une Hermine de Roybaz ne chuchote pas, ne rit pas avec
sa chambrière. J'écoutais toujours ; on parlait plus
haut, et je sus bientôt qui parlait, j'avais reconnu
les deux voix... L'autre était une voix de fausset
que je n'aimais pas, celle d'un petit jeune homme
repêché par moi, un jour qu'il se noyait, celle d'un
rousseau à qui j'avais sauvé la vie en risquant la
mienne.

Je me sentis comme figé, mon cœur ne battit
plus. J'étais plongé dans un hébétement, dans une
imbécile stupeur qui ne comprenait rien à rien. Je
me cherchais, je ne me trouvais pas, et durant quelques minutes je cessai de vivre. Tout à coup la
pensée, la mémoire me revint, et il faut que ma
tête et mon cœur soient solides, puisque ni mon
cœur ni ma tête n'éclata. Je connus pour la pre-

mière fois l'ivresse des grandes colères, des fureurs
de taureau qui voient rouge et brisent tout. Mes
bras et mes jarrets étaient d'acier ; d'une seule pous-
sée de genou, j'enfonçai une porte qui avait l'insolence de me résister.

Ce qui se passa ensuite, je n'en sais rien. Je criais,
je frappais, et autour de moi tout volait en éclats.
J'ignore si le petit jeune homme qui me devait la
vie s'échappa par l'escalier ou par la fenêtre. J'ai
appris plus tard qu'il dut garder le lit quinze jours
durant, après quoi on l'expédia quelque part, dans
un endroit où il fût sûr de ne pas me rencontrer.
Je ne tuai pas ma femme ; je ne saurais expliquer
comment elle sortit de cette bagarre sans une seule
égratignure, sans y laisser un seul de ses cheveux.
Elle était pâle de peur et toute frissonnante ; elle
me signa de sa plus belle anglaise, et en s'appli-
quant comme une petite fille qui apprend à écrire,
toutes les déclarations que je lui demandais.

Je l'obligeai de m'ouvrir son secrétaire ; j'y trouvai une liasse de lettres que, depuis six mois, le
petit cousin adressait à sa grande cousine. Il y gé-
missait sur les tourments, sur les cruautés de l'absence ; il y racontait, dans un style abondant et
fort cru, les délicieux plaisirs qu'on avait savourés
ensemble, il s'en promettait de plus doux encore
dans un prochain avenir. Il ne s'amusait pas aux
périphrases ; il allait droit au fait, et les choses
étaient nommées par leur nom. Je signifiai à la
grande cousine que, provisoirement, je garderais ces
lettres sous clef ; que, si elle essayait de nier ou
d'atténuer ses torts, de s'opposer au divorce ou de
traîner en longueur notre procès par une demande

d'enquête, je montrerais cette fange à l'univers entier. Là-dessus elle partit, avec sa soubrette, pour se réfugier chez sa mère.

Aussitôt, cocher, marmiton, je renvoyai tout le monde ; je voulais purifier, balayer ma maison. Je ne gardai que ma pauvre vieille Francine, dont la pieuse innocence n'avait rien deviné et qui me baisait les mains en pleurant et me disant :

— Monsieur, est-ce possible ? Qu'en penserait votre mère ?

A quoi je répondais :

— Sans doute elle me prêcherait la divine patience et le Dieu qui a béni ma vigne et ma vie.

Dès que ma maison fut nette, je courus à La Rochelle, où je passai plus d'un jour avec mon avoué. Il cherchait à me calmer, mais il s'y prenait mal. Ces gens-là ne savent pas s'étonner, ces gens-là ne savent pas s'indigner. Je lui dis en le quittant :

— Vous avez ma vie dans vos mains. Le malade ne reprendra que le jour où cette femme ne portera plus mon nom et sera pour moi une étrangère.

Et, depuis une semaine que je suis de retour, je vis claquemuré dans mon ménage, ne voyant personne, refusant ma porte, ayant peur des autres, ayant peur de moi-même, car le dégât que je fis, l'autre nuit, dans une chambre où je fracassai tout ne ressemble qu'à celui qui s'est fait dans ma pauvre tête. Je ne suis plus le même, je n'aime plus rien, je n'espère plus rien, je ne crois plus à rien.

Juge invisible à qui j'ai raconté mon histoire, dis-moi maintenant ce que tu en penses. J'ai combattu mes entraînements, j'ai respecté le bonheur d'autrui ; qu'a-t-on fait du mien ? En toute rencontre, je me suis montré bon, juste, serviable, patient, généreux ; je me suis acquitté de devoirs dont l'amertume m'écœurait. De quel retour m'a-t-on payé ? On a marché, piétiné sur mes droits. Le Dieu de mon père et de ma mère, celui qu'ils appelaient le Seigneur, le Dieu équitable et bon, a-t-il rempli ses promesses ? Quelle grâce ai-je obtenue de sa miséricordieuse justice ?

Juge invisible, qu'est-ce donc que ce vilain monde où nous vivons ? As-tu pénétré son secret ?... Il n'est connu, je crois, que de ces chiens dont la colère aboyait un soir à pleine gueule et qui m'invitaient à mêler mon cri à leurs sinistres hurlements !

II

Je n'ai pu encore me résoudre à sortir de chez moi. Hors Francine et mon maître-valet, je n'ai vu âme vivante. J'ai beaucoup de comptes arriérés à régler, mes livres de dépense et de recette à mettre en ordre. Cela m'occupe.

Je gagerais qu'il y a des gens qui trouvent mon aventure plaisante. On s'attendrit sur un homme trompé et ruiné par un caissier infidèle ; mais un mari trompé par sa femme, on s'en gausse ; c'est l'usage. Je me regardais tout à l'heure dans mon miroir ; le visage que j'y ai vu était blême, creusé par l'insomnie, et ne m'a point paru risible. Vraiment, je fais mieux de ne pas sortir. Je rencontrerais quelque gausseur, et cette affaire finirait mal. Je sens remuer en moi ma colère qui gronde, prête à me sortir par les yeux, frémissante et toute rouge. Si quelqu'un s'avisait de sourire en me parlant, je ne sais pas trop ce que feraient mes deux mains.

Je ne veux pas qu'on se moque de moi, je ne veux pas non plus qu'on me plaigne. Ma sœur, qui m'accable de ses lettres, me propose de venir me voir. Elle est convaincue, en son âme et conscience, que je me suis attiré ma disgrâce par mes iniquités.

N'avais-je pas renié la foi de mes pères ? Elle me donne à entendre que je dois employer l'épreuve que Dieu m'envoie au salut de mon âme ; elle s'offre charitablement à m'y aider. Ma réponse a été nette ; je l'ai priée de ne point se déranger, de m'épargner l'ennui d'une inutile visite. Je ne veux pas endurer, comme Job, l'insipide bavardage des fausses amitiés. Consolateurs fâcheux, n'y aura-t-il point de fin à vos discours ?

III

L'abbé Poncel était venu deux fois déjà frapper à
ma porte, qui ne s'était pas ouverte. Il est revenu
tantôt et je l'ai reçu. Il a sujet de déplorer mon
aventure plaisante ; il y perd quelques bons repas.
On l'avait pris en gré, on le priait à dîner une fois
au moins chaque semaine. Quoiqu'il m'en voulût
de m'être passé de sa bénédiction, il ne désespérait
pas de me convertir, et ma cuisine lui plaisait ; il
n'y flairait aucune hérésie. Ce n'est pas un gros
mangeur, il ne fait jamais d'excès. Il aime d'un
goût honnête les morceaux délicats, les vins qui
ont du bouquet ; il aime surtout à causer longue-
ment, la serviette nouée autour du cou, le dos au
feu, les coudes sur la table. Les récits, les commérages, la théologie, la controverse, tout lui est bon.

J'avais remarqué qu'il ne venait jamais à Mon-
Cep sans préparer dans sa tête deux ou trois petites
pointes à mon adresse. Il les plaçait avec art ou
sans art entre deux récits, et quelquefois il avait de
la peine à les amener. Il barguignait quelque temps ;
puis tout à coup il me décochait son trait, en me
demandant pardon de la liberté grande. C'était pour
l'acquit de sa conscience ; car, dans le fond, il est
bonhomme. De peur de manquer à son devoir,

tout à l'heure encore il m'a lancé son dard et m'a dit :

— Monsieur Berjac, un jour que j'avais l'honneur de dîner à Mon-Cep, et tenez, dans la pièce même où nous voici, j'ai appris de madame...

— Ne la nommez pas, interrompis-je brusquement, pour l'amour de vous et de moi, ne la nommez pas.

J'avais le ton si farouche qu'il se démonta. Il promenait ses grandes mains sèches le long de ses cuisses et tournait sa langue dans sa bouche. On eût dit un âne qui avise au bout de sa longe un coin d'herbe verte qui l'affriande ; mais il craint le bâton. Enfin, reprenant courage :

— Monsieur Berjac, je tiens de la femme qu'il ne faut pas nommer que le jour même de votre mariage, qui ne fut béni qu'au temple, vous fûtes pris de bourdonnements fort incommodes dans les oreilles.

— On vous a bien informé. J'entendais comme un vacarme de cloches.

— Ah ! monsieur Berjac, s'écria-t-il avec un accent d'héroïque résolution, que n'avez-vous compris cet avertissement ! Ces cloches, qui tour à tour tintaient ou sonnaient à toute volée, c'était la voix de notre sainte mère l'Église qui vous appelait à elle, en vous reprochant de lui refuser obéissance.

— Allez-y donc, lui répliquai-je, et dites-moi bien vite que, si je l'avais écoutée, je ne serais pas aujourd'hui... ce que je suis.

— Je n'osais pas le dire, répondit-il bravement.

— Mon cher abbé Poncel, chacun tire de mon histoire la moralité qui lui convient. Mme de Roy-

baz, veuve d'un comte et douairière sans douaire,
en a conclu qu'il arrive toujours malheur aux gen-
dres qui contrarient quelquefois la mère de leur
femme. J'en ai conclu, pour ma part, que les sauve-
tages sont des niaiseries, qu'on est bien fou, dans
certains cas, de repêcher un petit jeune homme qui
se noie. Ma sœur, de son côté, prétend que le ciel,
qui châtie ceux qu'il aime, a voulu me punir d'avoir
fait entrer dans mon lit une catholique romaine.
J'ai bien envie de vous enfermer dans une cage,
elle, vous et vos cloches, vous y seriez tous à l'aise
pour vous manger les yeux jusqu'au jour du jugement.

Il craignit de m'avoir fâché ; il me cajola. Francine venait d'entrer pour mettre mon petit couvert ; elle avait laissé la porte entre-bâillée, et de
la cuisine arrivait jusqu'à nous l'appétissante odeur
d'une gélinotte à laquelle il ne manquait guère qu'un
tour de broche. Les narines gonflées et frissonnan-
tes, l'abbé Poncel regardait cette porte, humait le
parfum. Il s'attendait que j'allais lui dire : « Mettez-
vous là et dînez avec moi. » Une gélinotte bien
grasse, bien blanche, accompagnée d'une jolie petite controverse, quel régal ! Il dut s'en priver, car
on devient méchant à la fin. Il me salua gauche-
ment et partit penaud. Eh ! parbleu, que chacun
reste dans sa boutique ! Pharmaciens, apothicai-
res, faux médecins, laissez-moi tranquille dans la
mienne. Je n'ai cure de vos onguents.

Après dîner, en rangeant une armoire, il me tomba
sous la main un éventail de plumes qui sentait le
musc, épave oubliée de mon naufrage. Comment
ai-je fait de ne pas le renvoyer avec tout le reste ?

Je pris ces plumes avec mes pincettes et je les brûlai dans mon feu. Garder dans ma maison quelque chose d'elle, plutôt mourir !

J'étais en colère ; j'entrai dans la cuisine pour chercher noise à ma pauvre vieille Francine. Après avoir écuré sa vaisselle et remis ses casseroles en ordre de bataille, elle s'était assise, comme à son ordinaire, au coin de sa cheminée, devant trois tisons qui se mouraient. Au-dessus de sa tête pendait la cage d'osier où elle loge son bouvreuil. Sur une chaise de paille, à côté d'elle, une chatte de gouttière, au poil ras, dormait roulée en boule. La bonne femme tenait ouverte, sur ses genoux, sa grande Bible, où elle lisait avec les yeux et avec le doigt. Elle y cherchait l'oubli des lassitudes du jour et le repos de sa nuit.

Je me campai devant elle, je lui dis :

— Jadis, Francine, dans une vieille maison que tu as connue, il y avait des Bibles de toute forme, de toute taille ; chacun avait la sienne. Celle de ma sœur était toute petite et ornée d'un fermoir d'argent ; la mienne était un peu plus épaisse et ne serait pas entrée dans ma poche. Mon père en avait une in-quarto, reliée en peau de chagrin. Celle de ma mère était un in-folio, aussi grand que le tien. Bible de poche, Bible in-quarto, in-folio, c'était toujours la même Bible, et je te déclare...

Elle vit que j'allais lâcher quelque mauvaise parole. Elle se hâta de me prévenir et, ôtant ses lunettes :

— Monsieur, me dit-elle, je ne sais pas trop ce que c'est qu'un in-folio, mais les grands livres, voyezvous, sont commodes pour les vues fatiguées.

Je me repentis ; je ménageai son innocence. D'un ton plus doux :

— Que lisais-tu dans ton grand livre ?

Elle remit ses lunettes sur son nez, recommença à lire avec le doigt. Le verset qu'elle épela était ainsi conçu :

« J'ai trouvé plus amère que la mort la femme dont le cœur est un piège et un filet et dont les mains sont des liens. »

— Francine, lui-je, il y a de grandes vérités dans ta grande Bible. Continue.

Elle hésita un instant.

— Monsieur, le verset qui vient après, le voici : « Celui qui est agréable à Dieu échappera à cette femme, mais le pécheur est pris par elle. »

Je la saisis par le cou et la secouai fortement.

— Francine, lui dis-je, où est mon péché ?

— Ah ! monsieur, excusez-moi... Votre péché, c'est peut-être d'avoir été trop bon. Vous ne vous êtes pas défié de cette femme, et à présent qu'il m'en souvient, elle avait le diable au fond des yeux !

— Je ne crois pas au diable, répondis-je, en haussant les épaules.

— Alors, monsieur, comment expliquez-vous ?...

— L'inexplicable est le fond des choses, et cet inexplicable, Francine, est abominable.

Ma chatte ne dormait plus ; les éclats de ma voix l'avaient dérangée. Après s'être étiré les pattes, elle venait de se poser sur son derrière, et elle me regardait fixement. Je m'enfuis sans lui avoir accordé la caresse qu'elle mendiait. Est-ce sa faute, pourtant, si, comme l'*autre*, elle a les yeux verts ?

IV

— ...Vous en revenez toujours là, mon cher monsieur Berjac, me dit-il, en hochant sa grosse tête chauve, et vous n'avez pas le sens commun. La nature est gouvernée par des forces sourdes et aveugles, que nous réussissons à connaître tant bien que mal, mais qui ne nous connaissent pas, et qui, d'ailleurs, ne sont que les formes diverses d'une seule et même force inhérente à la matière. Un grand homme, nommé Descartes, réduisait la matière à l'étendue et au mouvement. Après s'être moqué de lui, on est revenu à son idée, et tous ceux qui raisonnent conviennent aujourd'hui que ce monde n'est qu'une grande mécanique. Pour que les honnêtes gens fussent plus heureux que les drôles, il faudrait que ce grand inconnu qui a fait notre univers fût sans cesse occupé à en modifier les lois par des coups d'État ou des miracles, ou que dès l'origine des temps il eût établi une correspondance nécessaire et fatale entre nos bons sentiments, nos bonnes actions et les hasards de notre destinée ou les accidents de la nature. Si le phylloxéra ne s'était pas mis dans les vignes de feu votre père, le bachelier Sylvain Berjac serait aujourd'hui peut-être un grand homme. Si cet insecte dévorant n'avait pas mangé par la racine les ceps de M. de Roybaz, vous n'auriez pas fait la connaissance de ce gentilhomme ni épousé sa fille. Pensez-vous que ledit insecte eût de méchantes intentions à votre égard ? Quant à moi, je ne crois ni aux intentions du phylloxéra, ni aux miracles, ni à l'harmonie préétablie. Au surplus, que la vertu soit toujours assurée de toucher le prix de ses mérites, elle ne sera plus la vertu, et les Sylvain Berjac ne seront que des égoïstes bien conseillés et prévoyants. Résignons-nous aux accidents communs. Les machines n'ont point de cœur ni d'entrailles, il ne faut pas leur demander de compter avec nous ni d'avoir du sentiment, et il est ridicule de se fâcher contre elles. Je vous connais depuis longtemps, mon cher monsieur Berjac, vous avez une bonne tête et l'esprit juste, quand vous n'êtes pas en colère. Ma petite bibliothèque est assez bien montée, je vous prêterai des livres. Lisez, raisonnez, tâchez de vous distraire, et vengez-vous par l'oubli, qui est la plus belle des insolences.

Ainsi parlait le docteur Hervier. A ma première sortie, je l'avais rencontré dans un chemin creux. Comme il me prêchait l'oubli et que je m'apprêtais à répondre, un tombereau de fumier vint à passer. Pour lui faire place, nous nous rangeâmes, moi d'un côté du chemin, le docteur de l'autre. Quand la charrette eut passé, je ne trouvai plus mon homme ; il gagnait déjà pays, les malades n'attendent pas.

Il a raison. Il pourrait se faire que ce monde ne fût qu'une grande mécanique, et on ne se fâche pas contre les machines.

Je me souviens que, dans mon enfance, il y avait un vieux berger rébarbatif, que les gamins du village n'aimaient pas. Un soir que nous passions en bande devant la cabane roulante où il se retirait de bonne heure, la troupe se mit en tête de troubler son premier sommeil en le saluant d'une huée de polissons. Comme il ne répondait mot, l'un de nous s'avança sur la pointe des pieds, entr'ouvrit avec précaution la porte de la cabane. Il n'y avait personne, elle était vide. Qui se trouva sot de l'aventure ?

V

J'AI reçu une lettre de mon avoué, une lettre réjouissante, pleine des meilleures assurances. Je serai franc et libre plus tôt que je ne l'avais espéré. Que béni soit à jamais le législateur avisé qui inventa le divorce ! Mais à quoi donc a-t-il pensé en nous condamnant à nous revoir ? Le juge essayera de nous concilier, et nous serons là tous les deux. Revoir ce visage ! entendre cette voix !

VI

L<small>E</small> docteur Hervier m'avait envoyé deux gros volumes. Je craignais de n'y pouvoir mordre ; depuis que j'y ai mis la dent, je ne les lâche plus. Je mange, je me repais, je double les morceaux. Je lis le jour, je lis la nuit, je lis avec fureur. J'ai toujours eu du goût pour la lecture. Dans le temps de ma plus étroite servitude, je me procurais des livres en cachette ; quand je me laissais surprendre, mon père disait :

— Voilà monsieur le curé qui lit son bréviaire.

C'étaient des histoires, des romans, quelquefois des vers, où je croyais me retrouver. Je ne retrouve pas Sylvain Berjac dans les deux gros volumes du docteur, et cela me fait du bien. L'un m'enseigne que les nébuleuses forment de leur substance les soleils, que les soleils produisent les planètes, que les planètes engendrent leurs satellites. Les cieux ont des entrailles fécondes, et ces enfantements se font tout seuls, sans que personne s'en mêle. L'autre volume m'apprend que je descends en droite ligne d'un mammifère velu, pourvu d'une queue et d'oreilles pointues, qui vivait sur les arbres et descendait d'un marsupial, dérivant d'un reptile ou d'un amphibie, dérivé lui-même d'un animal aquatique et hermaphrodite, lequel ressemblait, comme deux gouttes d'eau, aux larves des ascidies. Je voudrais en être bien sûr.

Je passais ce matin dans le chemin creux ; j'y rencontrai de nouveau le docteur. Il est tombé de la neige ces jours-ci, le soleil commençait à la fondre ; nous barbotions dans le margouillis, le docteur et moi.

— Convenez, lui dis-je, que votre grande mécanique n'est pas parfaite.

— Elle est ce qu'elle peut, répondit-il. Toutes les machines ont leurs frottements... Allez-vous encore vous fâcher ?

— Que voulez-vous, docteur ? il y a des machines qui frottent, il y en a d'autres qui se fâchent ; cela est fatal comme tout le reste.

Pour la première fois depuis mon accident, je faisais, paraît-il, une grimace qui ressemblait à de la gaieté.

— Les meilleures machines, fit le docteur, sont celles qui rient.

Et il s'en alla trottant et piaffant à travers son cloaque.

VII

Je me disais, depuis longtemps, qu'il est honteux
de craindre le regard des hommes. Je n'ai pas voulu
finir l'année sur une lâcheté, et hier, 31 décembre,
j'ai pris sur moi de remonter toute la grande rue
du village. On se plantait sur le seuil des portes
pour me regarder passer ; personne n'a ri, tous les
paysans que j'ai rencontrés m'ont salué d'un air
fort honnête ; j'ai cru m'apercevoir qu'ils se retournaient bien vite pour m'accompagner des yeux. Je
suis une bête curieuse, et je porte mon histoire
écrite sur mon dos.

Comme je traversais la place, j'avisai l'abbé Poncel sortant de son église. Il se dirigea vers moi à
pas comptés, l'oreille basse, comme un homme qui
est dans un mauvais cas et appréhende les rebuffades. Il me tendit ses deux grandes pattes. Puis
raccommodant quelque chose à son rabat, qui n'é-
tait pas dérangé, la contenance humble, confus et
contrit, il poussa un profond soupir qu'il tirait de
ses talons, et il me regarda en dessous, bouche close,
mais l'œil parlant. « J'ai été un sot l'autre jour, me
disait son éloquent silence ; aussi n'ai-je pas tâté de
la gélinotte. Qu'avais-je affaire de vous entretenir

de ces maudites cloches, que j'aurais bien dû laisser
à tout jamais dans leur clocher ? Pensez-y, pourtant : à toute faute miséricorde, et les grands cœurs
font gloire d'oublier leurs petits griefs. C'est aujourd'hui la Saint-Sylvestre ; sûrement votre vieille
servante, qui est un cordon bleu, fera ce soir quelque cuisine. Les régals sont rares dans ce pays. Regardez-moi, mon sort est triste. N'est-il pas dur,
pour un curé, de passer tout seul la dernière soirée
de l'an, tête à tête avec sa soupière et ses remords ? »

— Monsieur l'abbé, lui dis-je, Francine, que bien
vous connaissez, et vous savez si elle est bonne rô-
tisseuse, m'a promis de me régaler tantôt d'une oie
aux marrons. Vous seriez fort aimable d'honorer ce
petit festin de votre sainte et gracieuse présence.

Il crut sentir un peu d'ironie dans mon invitation ; il en conclut que je lui gardais rancune, que
je refusais d'oublier, et il secoua la tête d'un air
de reproche. Puis, ayant pensé à l'oie, aux marrons, à Francine, sa bouche s'épanouit, et sur sa
large face vermeille un doux sourire courut d'une
oreille à l'autre.

A six heures précises, il s'asseyait à ma table, en
face de moi. L'oie était en tiers avec nous. Je le
chargeai de la découper, il s'y entend et il y met
quelque amour-propre. Personne ne sait mieux que
lui trouver du premier coup les jointures d'une vo-
laille.

Ce fut moi qui, entre la poire et le fromage, re-
parlai des cloches.

— Vous pensez donc, monsieur le curé, lui dis-je,
que le jour de mon mariage Dieu fit un miracle
dans mon oreille ? Quant à moi, je n'en crois rien.

Depuis quelque temps, je lis, je raisonne, je réfléchis beaucoup, et je ne crois plus qu'à la grande mécanique qui gouverne cet univers et dont notre petite machine n'est qu'une dépendance. Sauf votre respect, quand il nous arrive d'entendre sonner des cloches qui ne sonnent pas, cela tient tout simplement au battement de nos artères ou à quelque chose qui se passe dans notre nerf acoustique, et cela est aussi naturel que la sonorité exagérée de la région du cœur dans un homme souffrant d'une péricardite, ainsi que me l'enseigna l'autre jour un docteur très savant que j'ai le plaisir de rencontrer quelquefois dans un chemin creux.

Il me regardait attentivement, comme pour s'assurer qu'un homme qui ne croit pas aux miracles peut bien avoir le nez au milieu du visage, après quoi il me représenta qu'il y a miracles et miracles, que les uns sont relativement difficiles, les autres relativement aisés, que le bon Dieu est très avare des premiers, qui lui donnent beaucoup de peine, et qu'il n'a arrêté qu'une fois le soleil et la lune pour faire plaisir à Josué, mais qu'en ce qui concerne les miracles relativement aisés, il en opère à la journée, sans s'imposer pour cela la moindre fatigue.

— Et le miracle des cloches, lui demandai-je, est du nombre des miracles faciles ?

— Je vous le demande à vous-même, fit-il en se rengorgeant.

— Il est certain, monsieur le curé, que j'en connais de beaucoup plus difficiles. Eh ! tenez, je me ferai le plaisir de vous donner tout à l'heure un billet de cent francs, pour les étrennes de vos pau-

vres, si vous réussissez à me faire comprendre par
quel prodige une femme qui me devait tout...

— J'accepte vos cent francs, interrompit-il. Mais
je vous volerai votre argent, car il n'y a pas de prodige ni de miracle dans cette affaire, et depuis que
par la faute d'un homme le péché est entré dans le
monde, le lion ravisseur rôde sans cesse autour du
bercail pour nous dérober quelque brebis.

Il se pique d'être un grand théologien ; je ne sais
ce qu'en pensent ses supérieurs. Il entreprit d'abord
de me conter l'Éden et la façon dont y vivaient nos
premiers parents avant la chute. Leur corps était
pur de toute tache. Les coups ne leur faisaient pas
mal, et s'il y avait eu dans ce temps des étages, ils
seraient tombés d'un sixième sans se meurtrir, et il
citait saint Augustin. Ils étaient, à la vérité, con-
damnés à se nourrir, et, en conséquence, à se débarrasser de l'excédent de leur manger ; mais leurs
excrétions étaient aimables, et il citait saint Thomas
d'Aquin : *Oportebat superfluitates emitti ; tamen nulla
ex hoc indecentia erat.* Ils pratiquaient l'œuvre char-
nelle sans y mêler jamais aucune concupiscence, pas
plus que n'en ressent aujourd'hui le laboureur qui
ensemence la terre, et il citait de nouveau saint
Augustin. Dieu leur avait interdit de goûter au fruit
de l'arbre de la connaissance, sachant bien qu'ils
s'en trouveraient mal ; c'est ainsi qu'une mère pré-
voyante défend à ses enfants de toucher aux petits
couteaux. Le diable, déguisé en serpent, persuada à
la femme de manger du fruit défendu, et, dès lors,
tout s'est gâté. C'est de ce jour que les carnivores,
qui autrefois broutaient l'herbe des prairies, com-
mencèrent à manger de la viande, et il citait saint

Grégoire de Nysse. De ce jour aussi, la rose eut des épines, et il citait saint Basile. De ce jour enfin, les coupables convoitises, l'amour des biens et des plaisirs sensuels régnèrent dans le monde, le péché originel s'étant transmis de père en fils comme un virus héréditaire, de telle sorte que désormais l'homme est tombé dans les griffes du diable, et il citait saint Irénée.

Il était parti, et quand je l'aurais voulu, je n'aurais pu l'arrêter. Il me demanda si j'avais pris la peine de réfléchir sur l'origine de l'âme, si j'étais préexistentianiste comme Origène ou créationiste comme saint Augustin, ou traducianiste comme Tertullien. Pour lui, comme saint Thomas d'Aquin, le bœuf muet, l'Ange de l'école, il tenait pour démontré que nous n'héritons de nos parents que notre corps, que l'âme est créée par Dieu, mais que tombant dans un corps souillé par le péché d'Adam, elle y perd sa pureté, ainsi que le vin le plus pur se corrompt dans une bouteille sale. Il ajouta que toutefois il importe de distinguer entre les petits et les grands péchés, que les petits s'expliquent par la faiblesse de la chair, que les grands sont l'œuvre de l'esprit malin et de ses perfides suggestions, qu'il y met la main directement ou par l'entremise de quelqu'un des démons qui sont à son service et qui prennent possession de nous, comme un voleur s'empare d'une maison dont la porte n'est pas défendue par un chien bien aboyant. Il dénonça comme le plus terrible de tous ces agents du diable le démon de la luxure, me donnant à entendre que, depuis plusieurs années déjà, le démon sus-nommé possédait le cœur et la chair de madame...

— Encore un coup, monsieur le curé, pour l'amour de vous et de moi, ne la nommez pas !

— Vous faites bien de m'y faire penser, me dit-il. Il y a des noms qu'on laisse échapper dans l'entraînement du discours.

Puis, reprenant sa harangue où il l'avait laissée :

— Quand le démon de la luxure nous tient, les anges du ciel eux-mêmes parviennent difficilement à lui faire échec. On raconte qu'un bon bourgeois, dont la femme était toute pareille à celle qu'il ne faut pas nommer, au moment de partir pour un voyage d'affaires, dit à son ange gardien : « Je te la recommande, garde-la comme je la garde moi-même. » A peine fut-il en route qu'elle fit venir tous ses amants l'un après l'autre. L'ange gardien n'en laissa pas approcher un seul. Mais quand le mari fut revenu, il lui dit : « J'aimerais mieux garder tous les pourceaux du pays de Saxe qu'une femme qui a du goût pour l'œuvre de la chair. »

— Je conviens, lui repartis-je, que le démon de la luxure et le diable expliquent bien des choses ; par malheur, c'est une explication qui demande elle-même à être expliquée. Comme je le disais l'autre jour à Francine, je ne crois pas au diable, il n'en est pas question dans mes livres. Laissez-moi faire, je finirai bien par y trouver ce que j'y cherche.

— La lecture est une bonne chose, me dit-il d'un ton grave ; mais il faut se défier du démon de la curiosité, qui est plus dangereux encore que celui de la luxure.

Francine venait d'apporter un flacon de mon plus vieux cognac, la plus fine goutte qui ait jamais réjoui et mis en feu le palais et le cœur d'un Saintongeais. Je portai mon verre à la hauteur de mes yeux, en m'écriant :

— Monsieur le curé, je veux finir l'année en bon chrétien, qui pardonne à ses ennemis. Je bois à la santé de la grande mécanique de l'univers !

Il s'inclina gracieusement et me répliqua :

— Vous me permettrez de boire au mécanicien.

Cela dit, il me déclara avec émotion qu'il n'avait jamais bu d'eau-de-vie plus dépouillée, plus exquise, plus capable de ressusciter un mort ; mais il ne cita pas saint Augustin.

Francine alluma sa lanterne pour le reconduire jusqu'à la grille. Je montai dans ma chambre, où j'attendis avec impatience que ma pendule sonnât minuit. Il me tardait d'en finir avec cette vieille année de malheur que je traînais après moi comme une guenille, comme un sale haillon. Celle qui commence, c'est l'inconnu ; mais quoi qu'elle me réserve, sa figure me plaît davantage ; elle ne m'a pas vu embrasser une drôlesse.

J'ouvris un de mes livres. J'y lus que la lumière accomplit son trajet du soleil à la terre dans l'espace d'un peu plus de huit minutes, mais que pour arriver de la Chèvre jusqu'à nous, il lui faut tout le temps qui s'écoule entre la naissance d'un homme et sa blanche vieillesse. Telle étoile qui viendrait à s'éteindre continuerait d'être visible aux générations futures. L'astronome qui contemple Alcyone avec sa lunette n'est pas certain qu'elle existe encore ; les rayons qu'elle nous envoie se sont mis en route à la fin du XIIIe siècle et nous savons seulement qu'elle était, il y a près de six cents ans, dans l'endroit du ciel où nous croyons la voir.

Je me souvins des histoires que me racontait au
collège mon ami Théodule Blandol, qui, dès sa plus
tendre jeunesse, se piqua de raisonner. Il m'assura
un jour que jadis, dans la saison des orages, les
paysans lithuaniens se promenaient autour de leur
champ, un morceau de lard à la main, et qu'ils
disaient :

— Bog Perkun, Dieu du ciel et de la foudre, ne
tonne pas sur mon champ et je te donnerai ce que
je touche de mon petit doigt.

Bog Perkun, tu n'auras pas mon lard, tu as tonné
sur mon champ. Mais vraiment je ne t'en veux pas ;
tu ne saurais me voir ni me connaître. Tu as tant
d'affaires sur les bras qu'à peine y peux-tu suffire.
Ton univers est si vaste que tu es l'éternel absent.
Peux-tu seulement compter tes mondes, tes astres
naissants, tes soleils qui se refroidissent, tes vieilles
lunes mortes, plus nombreuses que les sablons de
la mer ? Tu les abandonnes à leur destin, qui est de
naître et de mourir, et tu emploies leur poussière à
bâtir ailleurs.

Enfin, minuit sonna. L'année funeste partit avec
sa honte, l'autre m'apparut, mais je ne sais pas ce
qu'elle m'apporte : elle cachait ses mains sous sa
robe.

VIII

Il m'a fallu retourner là-bas. J'ai revu le visage de cette femme, j'ai entendu sa voix. Quelle tranquille effronterie ! Elle est confite en impudence. Tour à tour elle parlait d'un ton dégagé ou sucré, avec un demi-sourire, et je n'ai pas réussi à lui faire baisser les yeux. Mais je la tiens ; elle se souvient des lettres que je garde ici, au fond d'un tiroir. Elle avoue, elle se confesse ingénument. Quand le président du tribunal, chargé de notre conciliation, lui demande ce qu'elle peut bien alléguer pour sa défense, elle a des réponses charmantes :

— Je n'aimais pas mon mari, je n'ai jamais pu l'aimer.

Ceci est une pure vérité, claire et limpide.

— Lui-même ne m'a jamais aimée.

Audacieux mensonge !... Eh ! que ne dit-elle vrai !

— On n'avait pas consulté mes goûts. Il m'a épousée pour mon nom, je l'ai épousé parce qu'il jouissait d'une honnête aisance. Quand j'ai appris que mon père nous avait ruinés par sa négligence et son désordre, j'ai fait ce qu'on me disait de faire.

Tu mens encore. Du premier jour où tu m'as vu, tu as jeté tes filets et tu m'y as pris.

— M. Berjac n'est qu'un paysan parvenu ; nos

caractères ne s'accordaient pas. J'avais besoin d'aimer et d'être aimée ; j'ai cédé à un entraînement de mon cœur.

L'entendez-vous ? Son cœur ! Le cœur de cette... ! Mais je ne parlerai plus d'elle. J'ai juré de n'en plus parler.

IX

JE néglige mon journal ; je n'y ai rien écrit depuis un mois. Ce n'est pas ma faute, j'ai dû courir. Mon maître-valet m'a quitté ; il avait fait des économies et un petit héritage, il veut devenir propriétaire, vivre chez lui, être son maître ; j'ai couru et j'ai trouvé. Son remplaçant me plaît. C'est un homme robuste, tranquille, rangé, un peu dur d'oreille ; il faut crier, s'user les poumons, mais j'en ai d'excellents. La femme me plaît aussi. Petite, sèche, ratatinée, quoiqu'elle n'ait que quarante-six ans, on lui en donnerait soixante. Son seul tort est de trop parler ; une fois l'écluse ouverte, le torrent s'écoule. J'ai présidé moi-même à leur installation ; je leur ai recommandé la vieille maison où je les loge ; ma mère y a vécu, j'entends qu'on respecte ce souvenir. Ils m'ont présenté leurs deux fils, grands gars bien découplés ; mes vignes seront honnêtement soignées.

Mais on a toujours des surprises dans ce monde. Quand je demandai à Gabelin s'il avait d'autres enfants, il me répondit par un sourd grognement, et je crus qu'il avait dit non. Je me trompais, l'homme est sujet à se tromper. Hier dimanche, de bon matin, j'arpentais l'allée qui descend à la ferme ; j'entendis de loin une voix de femme jeune et sonore,

fredonnant un joyeux couplet. Assurément, ce n'é-
tait pas la voix de Mme Gabelin. Curieux de savoir
comment cette chanteuse s'était introduite chez mon
maître-valet, dans une maison où jadis on ne chantait que des psaumes, j'approchai, et, par une fenêtre du rez-de-chaussée, j'avisai une grande fille
en simple corset et en jupe courte, qui, les épaules
nues, debout devant une armoire à glace, s'occupait
à se coiffer. Je la voyais de dos ; je constatai qu'elle
avait une belle taille ronde, le cou bien planté, des
bras blancs, grassouillets, et des fossettes aux deux
coudes. Après un hiver dur, le printemps s'annonçait déjà ; l'air était doux, et cette belle fille avait
ouvert toute grande sa fenêtre pour laisser entrer
le soleil et sortir sa chanson.

Elle était fort affairée. Tour à tour haussant ou
baissant la tête, la penchant à droite, l'inclinant à
gauche, elle étudiait des poses. « Retenez ce qui
est bon, a dit l'Écriture, et laissez le reste. » Elle
n'en finissait pas de demander des conseils à sa
glace. Comme je m'avançais, mon image vint s'y
refléter à côté de la sienne. Elle se retourna, très
étonnée, et elle me regardait, tenant d'une main
son démêloir, de l'autre une poignée d'abondants
cheveux fauves qui lui tombaient jusqu'aux talons.
Je dois confesser qu'elle gagnait encore à être vue
de face. Ses yeux, d'un bleu sombre, sont ombragés
de longs cils frisés, son teint est frais comme une
fleur de printemps ; mais il me parut que son regard était trop hardi dans ses caresses et qu'elle
avait un de ces petits nez légèrement retroussés
qui cherchent les aventures et les exploits.

Tout à coup, elle s'avisa qu'elle était à demi nue ;

se débarrassant de son démêloir, elle saisit sur le dossier d'une chaise un châle à carreaux dont elle s'enveloppa. Puis elle me regarda de nouveau ; l'instant d'après, elle sourit et me montra deux rangées de superbes dents. Évidemment accoutumée à cueillir les cœurs et les hommages, elle me croyait plongé dans une stupeur d'admiration. Elle s'aperçut enfin que j'avais le visage sévère, que je fronçais le sourcil. Elle pinça les lèvres, le sourire rentra dans son étui.

— Qui êtes-vous, mademoiselle ? lui demandai-je d'un ton bourru.

Ma question lui parut impertinente, elle hésita un moment à me répondre ; après réflexion, ayant deviné que j'étais le propriétaire de Mon-Cep, elle répliqua d'un ton bref :

— Je m'appelle Mlle Zoé Gabelin.

Elle n'ajouta rien, mais elle semblait me dire : « D'où sortez-vous ? Toute la terre me connaît, et me connaître, c'est m'admirer. »

— Eh bien ! mademoiselle Zoé Gabelin, lui repartis-je, ce n'est pas ici l'usage que les jeunes filles fassent leur toilette en laissant leur fenêtre ouverte.

Elle m'examinait avec une curiosité effarée. Je lui faisais l'effet d'un être absurde, saugrenu, qui disait des choses baroques, d'un ridicule pédant, ennemi juré de ses propres plaisirs. Avait-on jamais rien vu, rien ouï de pareil ? Eh quoi ! un homme avait eu la bonne fortune de contempler les épaules nues de Mlle Zoé Gabelin, et, au lieu d'en rendre grâces au ciel, il avait le front ou la sottise de s'en plaindre ! Elle n'avait rencontré jusqu'alors aucun animal de cette sorte.

3

Elle réussit cependant à s'arracher à ses pensées et ferma brusquement la fenêtre. Comme je m'en allais, je la vis soulever un coin de son rideau pour suivre du regard l'homme saugrenu, pour s'assurer qu'il n'était pas un magot de porcelaine ou de pierre, mais un homme en chair et en os.

A quelque vingt pas de là, ayant contourné l'angle de la maison, j'aperçus Mme Gabelin armée d'un balai en genêt et nettoyant sa cour.

— Or çà, madame Gabelin, lui dis-je avec humeur, depuis quand vous permettez-vous d'avoir une fille ?

Elle s'étonna de mon étonnement, me soutint qu'on m'avait prévenu, que l'existence de Mlle Zoé m'avait été expressément notifiée, et comme la bonne femme est sujette à des flux de paroles, elle ne manqua pas une si belle occasion de discourir. Pour omettre les détails inutiles, je consigne dans mon journal que Mlle Zoé est à la fois une lingère et une couturière accomplie, habile à broder un col autant qu'à façonner une robe, qu'elle a des doigts de fée, qu'on l'a surnommée Mlle Chiffe, qu'après avoir terminé son apprentissage à trois kilomètres d'ici chez une tante qui est du métier, elle vient de rentrer chez ses parents, heureux de la revoir, que c'est une bonne et douce petite personne, aimant le travail, innocente comme un mouton, incapable de penser à mal.

— Et vous lui permettez, madame Gabelin, de se coiffer la fenêtre ouverte ? Et vous lui donnez des armoires à glace ?

Nouveau discours plus diffus que le premier, destiné à m'expliquer que si Mlle Chiffe avait laissé sa

fenêtre ouverte, il fallait s'en prendre à quelque
incompréhensible hasard. Pareille chose ne lui était
jamais arrivée, et je pouvais être tranquille, on se
proposait de lui faire de sérieuses remontrances.
Quant aux armoires à glace, il n'y en avait qu'une,
qu'elle avait achetée de son argent. Dès le jour de
sa première communion, elle s'était promis qu'elle
aurait une armoire et que son armoire aurait une
glace.

— Voyez-vous, monsieur Berjac, c'était son idée,
sa fantaisie. Elle commence à gagner ; que peut-on
lui dire ? C'est dans l'air aujourd'hui, et les pauvres
mères ne se reconnaissent plus dans leurs filles. On
s'attife, on se pare, on veut faire la demoiselle. Bah !
jeunesse est courte, et il faut bien lui passer quelque
chose.

Puis, s'appuyant sur son balai et s'efforçant de
concilier la déférence avec la curiosité, elle me demanda quel mal je pouvais bien trouver à ce qu'elle
eût une fille. Je fus embarrassé, je me tirai d'affaire
en la rabrouant.

— Madame Gabelin, repris-je d'un ton rêche, les
filles, quand elles sont belles, attirent les galants
comme le lait attire le chat ; il me déplairait fort
que ces messieurs vinssent rôder autour de ma ferme
et qu'il arrivât scandale chez moi. J'aime les maisons où il ne se passe rien. Que voulez-vous ? c'est
mon idée, ma fantaisie, mon armoire à glace.

Elle entama un troisième discours, me représenta
que sa fille allait chaque matin en journée, travaillait chez la pratique, et le dimanche, après la messe,
se rendait au village voisin, chez sa tante, qu'on ne
la verrait guère à Mon-Cep. Mais que pouvais-je

craindre des galants? Mlle Zoé ou Mlle Chiffe était trop modeste dans ses mœurs comme dans son maintien pour les encourager, pour les laisser seulement approcher. Au surplus, son père et sa mère n'entendaient pas badinage sur cet article, et fort respectueuse pour les auteurs de ses jours, elle ne faisait rien qui pût leur déplaire.

J'étais déjà bien loin qu'elle continuait encore sa harangue. Je poussai jusqu'à ma grille, pour contempler à travers les barreaux mon champ, mais surtout mes vignes, ces vaillantes nourrices dont le lait m'est cher. En retournant sur mes pas, j'entendis une vieille voix enrouée, qui criait :

— Ne t'amuse pas dans les chemins, et reviens avant la nuit.

J'entendis une autre voix beaucoup plus fraîche, qui répondait vivement :

— C'est bon, c'est bon. Je ferai ce qu'il me plaira.

Cette réponse ne me donna pas une haute idée du respect que pouvait avoir Mlle Gabelin pour les auteurs de ses jours. Quand on est fort jolie, qu'on a des cheveux superbes, des doigts de fée et une armoire à glace, il n'est pas défendu de se sentir et de secouer sa bride. Je la vis bientôt apparaître, descendant le sentier que je remontais, toute pimpante, coiffée d'un chapeau de velours garni de fleurs, relevant assez sa jupe pour laisser voir un bas bien tiré, et convaincue avec raison que sa robe lilas faisait autant d'honneur à Mlle Chiffe qui l'avait bâtie et cousue qu'à Mlle Zoé qui la portait.

En m'apercevant, elle éprouva un petit soubresaut : elle venait de reconnaître le plus absurde, le plus étonnant des hommes, qui n'était pas un homme aimable. Elle ralentit le pas, composa sa démarche, renonça à faire danser son paroissien dans ses mains, et à l'instant où nous nous croisions, elle coula sur moi un regard infiniment pudique, sans réussir à apprivoiser ma morgue et mes sourcils.

Cette fille et sa beauté hardie ne me reviennent pas. J'aurai l'œil sur elle ; à la première inconvenance, je trouverai quelque moyen de l'éconduire. Je deviens un homme de fer, un censeur rigide, hérissé et farouche.

X

J'AI assez de l'astronomie, des astres innombrables
et toujours circulants, qui ne communiquent avec
nous que par leur impassible lumière ; j'ai assez
des espaces éthérés, des solitudes inhumaines, dont
l'immensité dévore ma petitesse comme l'océan
mange un grain de sable. Peut-être ont-elles ainsi
que moi leurs joies et leurs douleurs ; mais le bruit
n'en arrive pas jusqu'à mes très petites oreilles. Serviteur à l'infini ! Il me réduit à rien, et je veux
être quelque chose.

Je relirai le plus gros de mes deux volumes, celui
qui traite de la descendance de l'homme. J'ai rap-
porté l'autre au docteur Hervier ; il m'a retenu à
dîner. J'ai dépêché un exprès à Francine pour la
prévenir, et j'ai passé pour la première fois depuis
longtemps une soirée presque agréable hors de chez
moi.

On fait petite chère chez le docteur. Il n'a pas
une Francine, et sa maison est mal tenue. Du jour
où il a perdu sa femme, il s'est trop abandonné à
ses inclinations naturelles ; il a pris pour devise :
Laissez faire, laissez passer. Feu Mme Hervier était
une jolie perruche ; elle en avait le plumage, le bec,
la gourmandise et le cri. Depuis qu'on ne crie plus

après lui, notre ami se néglige. Quand vous rencontrerez par les chemins un gros homme court, chauve et carré, à qui les cordons de ses bas retombent sur les talons, dites : « C'est le docteur Hervier ! » et ne vous étonnez pas si les manches de son tricot de laine rouge dépassent les parements de son habit à queue de morue ou si l'extrémité indiscrète d'une de ses bretelles apparaît sournoisement au bas de son gilet chiffonné. Ma pauvre mère disait qu'il faut savoir se gêner pour les autres. Le docteur ne se gêne pour personne ; il faut le prendre tel qu'il est, et il ne fait pas bon courir chez lui la fortune du pot. Mais il est homme de bon propos, de belle humeur, et ses invités lui pardonnent ses brandades manquées. Ce serait un vrai philosophe s'il ne passait pour aimer d'un amour trop tendre ses petits écus. On assure que, si attaché qu'il soit à son heureuse indépendance, il n'hésiterait pas à se remettre sous le joug pour peu qu'il trouvât quelque part un million à épouser. Dans ce pays-ci on ne trouve pas des millions sous le pas d'un cheval, et selon toute apparence le docteur finira ses jours veuf, négligent et serré. Que le ciel des astronomes, où foisonnent les nébuleuses et où s'éteignent les soleils, lui fasse grâce ! Chacun de nous a ses petits défauts... Eh ! toi, là-haut, n'as-tu pas les tiens ?

Nous prîmes le café dans son cabinet de travail. Il se plongea dans un fauteuil, repoussa sur son occiput sa barrette de velours, caressa un instant son crâne nu, qui luisait comme un miroir. Puis, ayant soulevé avec effort sa jambe droite, il l'étendit en travers sur le fémur de sa jambe gauche,

empoigna de sa main gauche son pied droit, et tout
en grattant de l'ongle la semelle de sa pantoufle :

— Mon cher monsieur Berjac, me dit-il, je suis
content de vous. Vraiment vous avez meilleur visage et il me semble que tout à l'heure vous man-
giez de grand appétit ; vos yeux ne sont plus creu-
sés, vos joues se regarnissent, vous vous remplumez.
Voilà ce qu'on gagne à lire de bons livres. La lecture est le plaisir qui coûte le moins et rapporte le
plus.

— J'en connais un autre, lui repartis-je, qui coûte
encore moins et rapporte encore plus : c'est l'oubli.

— A la bonne heure ! C'est une recette que je
vous avais donnée, vous suivez mes ordonnances.
Oubliez, oubliez, vous n'oublierez jamais assez.

— Laissez donc, je ne pense plus à cette femme.

— En vérité !

— Je n'y pense plus, vous dis-je, et je n'en parle
jamais.

— Voilà qui est bien. Et que pensez-vous de Darwin ?

— Depuis quelque temps, docteur, lui répondis-
je, je suis devenu très défiant ; je ne me laisse plus
prendre aux apparences, et dans mes lectures, comme
dans mes affaires, je crains toujours qu'on ne m'attrape. Il y a dans votre Darwin des choses qui me
plaisent et d'autres qui chagrinent mon petit bon
sens. Je le tiens pour un grand savant, mais je
soupçonne qu'il avait autant d'imagination que de
science et qu'il s'est parfois amusé de nous. S'il
faut l'en croire, il y avait naguère dans un jardin
mal approvisionné une paire de colimaçons qui s'aimaient beaucoup. L'un était robuste et ingambe,

l'autre était débile, de petite santé : le plus vigou-
reux des deux compagnons disparut tout à coup ;
il avait passé dans un jardin voisin, où il fit chère
lie et bombance. Après s'être repu, il songea à son
ami, il revint par-dessus le mur l'informer de sa
trouvaille ; il l'affrianda, le persuada, et, l'un suivant l'autre, il l'emmena clopin-clopant dans son
paradis. Ce n'est pas Darwin lui-même qui a vu la
chose ; il l'avait apprise d'un M. Lonsdale, qui, nous
dit-il, ne tenait pas ses yeux dans sa poche. Depuis
mon enfance, docteur, j'ai pratiqué les colimaçons,
et tous les Lonsdale de la terre ne me persuaderont
jamais que ces mollusques aient le cœur sensible.
Docteur, croyez-vous que les escargots aient le cœur
tendre ?

— Je dois avouer, dit-il, que jusqu'à ce jour ils
ne m'en ont donné aucune preuve ; après cela, il y
a de belles âmes qui gardent leur secret.

— L'histoire des colimaçons, repris-je, m'avait
mis en défiance. J'ai peu d'estime pour les boulan-
gers qui ne font pas le poids et pour les gens qui
payent en fausse monnaie. Je n'aime pas non plus
les savants qui donnent leurs conjectures pour des
certitudes. Un homme averti en vaut deux, et je
ne veux plus croire tout ce qu'on me dit. Ah ! messieurs, vous nous en contez ! à qui vendez-vous vos
coquilles ? Est-il bien certain, par exemple, que l'extrême envie de plaire à leurs femelles ait inspiré
aux faisans argus mâles l'heureuse idée de peindre
leur plumage et de l'orner d'ocelles de toute couleur ? La sélection sexuelle me paraît une affaire
très hasardeuse, et je doute que les poules faisanes
n'accordent leurs faveurs qu'à ceux de leurs mâles

qui se requinquent. Je doute aussi que les êtres les mieux doués et les mieux nourris aient plus que les autres la faculté de se reproduire, et que ce soit là tout le sercet du perfectionnement des espèces. Ne voyons-nous pas des gueux, vivant de privations, faire dix enfants à leur femme, et tel duc, qui craint de voir ses biens tomber en déshérence, se remarier deux fois sans venir à bout de fabriquer le petit rejeton, le gentil petit homme en qui il voudrait se survivre et continuer sa race ? Consultez le premier jardinier venu : il vous dira que certaines plantes trop soignées, trop fumées, deviennent stériles en s'engraissant. Le bois grossit, se fortifie ; mais adieu les fleurs et les fruits ! Le sauvageon d'à côté en jonche la terre, comme pour narguer nos soins perdus et notre vaine science. Croyez-moi, il y a bien du hasard dans les choses de ce monde et beaucoup de roman dans les systèmes qu'on nous bâtit. S'il faut tout dire, de doute en doute, j'en viens à douter que nous descendions d'un mammifère velu, qui descendait lui-même d'un animal aquatique tout semblable aux larves des ascidies. Docteur, que vous en semble ?

— Ma foi ! je n'y étais pas, et, à vrai dire, personne n'y était, sauf les larves des ascidies, qui n'ont pas écrit leur histoire. Mais il faut être de son siècle. Jadis on expliquait tout par de grandes causes agissant par à-coups ; aujourd'hui on croit à de petites causes qui travaillent sans cesse dans l'ombre et dont les effets s'accumulent. Aux révolutions violentes et successives on a substitué la théorie de l'évolution insensible et continue. Cela me va mieux ainsi ; je n'ai jamais aimé les révolutions.

— A ce compte, lui dis-je, c'est affaire de goût ;
que chacun en prenne à son aise !

— Ah ! permettez, monsieur Berjac. Il y a une
science très certaine, qui s'appelle l'embryologie,
et, ne vous en déplaise, cette embryologie nous apprend que l'homme se développe d'un ovule large
de deux centièmes de millimètre, ne différant en
rien de celui de tout autre animal, que plus tard
l'embryon humain ressemble à celui d'un poisson,
puis à celui d'un oiseau, puis à celui d'un chien, et
qu'à la veille de ma naissance je ressemblais éton-
namment à un petit singe. Il en résulte que j'ai
refait dans le ventre de ma mère, étape par étape,
espèce après espèce, toute l'histoire du règne animal. D'autre part, l'anatomie m'enseigne que je diffère moins d'un singe anthropoïde qu'il ne diffère
lui-même d'un macaque ou d'un babouin. Aussi ai-
je pris le parti de me laisser classer sans résistance
dans l'ordre des primates, dont vous et moi, comme
tous les bipèdes de notre sorte, composons la première famille, en compagnie des chimpanzés, des
orangs-outangs, des gorilles et des gibbons.

— Vous êtes donc, docteur, un gorille perfectionné ?

— Parlez mieux, ce n'est pas cela. De l'aveu de
tous les savants sérieux, je ne descends d'aucune
des espèces de singes existants. La preuve, c'est
que dans sa première jeunesse le gorille nous ressemble beaucoup plus que dans son âge adulte ; à
mesure qu'il vieillit, il s'éloigne davantage de nous :
il acquiert des canines aussi longues que celles du
lion, de fortes crêtes osseuses sur l'occiput et une
tête prognathe, pareille au museau de l'ours ou du

sanglier. Il m'est permis d'en inférer qu'il n'est pas
mon père, mais que sans doute nous avons des ancêtres communs, dont il tient plus que moi. Il ne
s'est pas soucié de faire son chemin ; j'ai travaillé
et je fais dans le monde meilleure figure que lui.
Non, le gorille n'est pas mon père ; il n'est que mon
parent éloigné, mon cousin, si vous voulez, un cousin pauvre, qui n'a pas su arriver, ce qui est con-
solant pour mon amour-propre.

— Docteur, votre amour-propre se console facilement.

— Mon cher Berjac, il ne faut pas renier ses parents ; cela n'est pas bien et cela porte malheur.
Au demeurant, la nature y a pourvu ; elle rabat les
bouffées de notre orgueil de parvenus en nous sou-
mettant, nous et les singes, aux mêmes infirmités,
aux mêmes maladies de famille, telles que la carie
dentaire, les catarrhes chroniques ou aigus, la pneu-
monie, la phtisie, l'hépatite, la néphrite, les parasi-
tes de la peau et des intestins. A quoi nous servi-
rait-il d'oublier nos origines ? Nos humbles parents
et alliés s'en souviennent et se chargent de nous les
rappeler. Cuvier, le grand Cuvier, l'ennemi déclaré
du transformisme, a constaté de ses yeux qu'un
singe, qui n'était pas un anthropoïde, mais un vil
catarrhinin, un obscur cynocéphale, tressaillait d'aise
et entrait dans de violents transports en voyant
passer devant les barreaux de sa cage de jeunes et
jolies femmes. Il les provoquait, les appelait de la
voix et du geste, leur dénonçait le cousinage. Eh !
morbleu, n'imitons pas ces faquins enrichis qui ne
connaissent plus leurs anciens compagnons de misère, et pensez-y, tel sauvage velu, dont le rictus fait

peur et que cependant vous tenez pour un homme,
pour votre congénère, ignore si le soleil qu'il voit
aujourd'hui est le même qu'il a vu se lever hier
matin ; donnez-lui des clous, il les sèmera dans l'espérance de les faire pousser ; il n'a pas trois idées
dans la tête et ne sait compter que jusqu'à trois.
Y a-t-il plus loin d'un gorille à ce sauvage que de
ce sauvage à Sylvain Berjac ? Mon voisin, ne mé-
prisons personne et soyons aimables pour nos cousins pauvres.

J'étais assis en face d'une fenêtre sans rideaux,
et, quoique les carreaux en fussent un peu troubles, j'apercevais un grand pan de ciel étoilé.

— Soit ! lui dis-je. Je veux être un bon cousin,
Dieu me garde de renier ma famille ! Mais avouez
qu'un primate qui a compté toutes les étoiles que
voici, qui a mesuré leur orbite, qui peut dire à chacune d'elles d'où elle vient, où elle va et quand elle
y arrivera, est un primate bien étonnant.

— Je l'admire autant que vous. Il a inventé non
seulement l'astronomie, le télescope et le calcul de
l'infini, mais l'alphabet, la charrue et le pressoir,
les langues et les religions, les torpilleurs et l'o-
péra comique, sans parler du petit instrument que
voilà, auquel, moyennant quatre cordes accordées
de quinte en quinte, et une baguette garnie de crins
tendus, il fait dire toute sorte de choses qui ne peuvent pas se dire avec des mots.

Et, en parlant ainsi, il me montrait du doigt sa
boîte à violon posée de travers sur une console,
pêle-mêle avec de gros bouquins, des bocaux suspects, un bonnet de coton, une brosse à dents, et
je ne sais quoi de flasque qui ressemblait à une

vieille culotte dépenaillée. Il joue du violon dans ses moments perdus ; mais, soit modestie, soit orgueil, il n'en joue que pour lui.

— Eh ! oui, reprit-il, ce primate a toutes les curiosités de l'esprit comme toutes les industries. C'est là sa grandeur et sa misère, car je le plains autant que je l'admire, et je vois en lui l'être le plus désassorti qui puisse se rencontrer sous la voûte des cieux. Remarquez, en effet, monsieur Berjac, que, jusqu'à l'apparition du bipède humain, tout s'était passé régulièrement dans le monde. Depuis l'ascidie, qui n'est qu'un petit sac muni de deux orifices, jusqu'à la puce, et de la puce jusqu'aux vertébrés supérieurs, que de progrès méthodiques et gradués se sont accomplis dans la fabrique des êtres sentants, comme dans la distribution, dans l'agencement de leurs organes, s'adaptant de plus en plus à la grande loi de l'économie des forces et de la division du travail ! Chaque animal possédait juste la dose d'intelligence nécessaire à son bonheur. Le cerveau du poisson est plus petit que ses lobes optiques ; celui du flétan, ce gros poisson plat qui pèse autant qu'un homme de taille moyenne, a la grosseur tout au plus d'une graine de melon, et il passe pour constant que cette graine de melon suffit à ses besoins, même à ses plaisirs. L'homme paraît, et l'art progressif de la construction des espèces animales subit un arrêt brusque et fatal ; dorénavant, le progrès ne consiste plus que dans le raffinement indéfini de la substance nerveuse, de l'appareil cognitif, de cette pulpe grise ou blanchâtre que nous logeons dans la cavité de notre crâne, grand magasin d'images et d'idées. Idées et images, nous

en acquérons par la transmission héréditaire plus
que nous n'en pouvons consommer, plus qu'il n'en
faudrait pour que nos sens et notre corps fussent
heureux. Je dis que nous en avons trop ; que sera-ce
dans vingt siècles d'ici ? On assure que Shakspeare
ne disposait que de quinze mille mots, représentant
quinze mille idées, et on a calculé que la petite case
de notre cerveau affectée à la mémoire des sons
articulés contient plus de six cents millions de cellu-
les. Si jamais le magasin s'emplit, quelle surcharge !
Alors on pourra dire que la pléthore est au centre
de l'empire, le marasme, la langueur aux extrémités.
Je crains vraiment que la nature n'ait fait fausse
route. Puisqu'elle voulait fabriquer un être capable
de la connaître et s'en faire un miroir pour y contempler son image, elle aurait bien dû assortir la
bordure à la glace, perfectionner notre corps avec
notre âme, nous distinguer du singe et nous affran-
chir des vils besoins de la bête.

— Pourquoi ne l'a-t-elle pas fait, mon cher docteur ? Le savez-vous ? Elle a eu sans doute ses raisons, et j'aime à savoir les pourquoi.

— J'ai tort de l'accuser, reprit-il ; c'est l'homme
qui a tout gâté par son industrie. Le premier principe de tout progrès est le sentiment très vif d'une
privation, et le malaise, la douleur persistante qu'elle
nous cause. Du jour où l'homme a inventé l'outil,
il n'a plus éprouvé le désir de perfectionner son
corps ; il l'a même laissé dégénérer. Assurément, il
peut se flatter que son visage, où se reflète son intelligence, est plus avenant que celui d'un chimpanzé,
et on ne saurait trop vanter les merveilles de sa
main, qui fabrique et manie l'outil ; mais, hors de

là, nos cousins pauvres ont sur nous plus d'un avantage. L'homme a inventé le feu ; il s'en est servi tout d'abord pour attendrir sa nourriture, et, faute d'exercice, ses mâchoires ont perdu de leur ressort. Il a inventé les pièges et les armes, il a pu se passer de lacérer sa proie, et ses canines laissent fort à désirer. Il a découvert le levier, et ses bras se sont affaiblis ; il se trouverait mal de défier un gorille au pugilat. Un illustre physicien allemand a fait une savante critique de l'œil humain et déclaré que si un opticien s'avisait de vendre un instrument fabriqué avec si peu de soin, il n'hésiterait pas à le lui laisser pour compte. L'homme a inventé les lunettes et le cornet acoustique et le téléphone ; peu lui importe que sa vue et son ouïe déclinent, que la plupart des animaux l'emportent sur lui par l'acuité comme par la finesse de leurs sens. L'outil est le grand criminel, et l'homme, grâce à ses inventions, a trouvé le moyen de rétrograder en avançant. Il loge aujourd'hui la sagesse d'un dieu dans le corps d'un animal médiocre.

Je réfléchis un instant, car j'aime à réfléchir avant de parler, et je lui dis :

— Ceci explique, docteur, pourquoi l'homme est le seul être qui ait honte de son corps.

— Cette fois, me dit-il, vous avez bien parlé. Oui, l'homme a honte de son corps. Il l'a déguisé d'abord en le tatouant, ce qui est une façon de le cacher ; il s'est arrangé plus tard pour ne laisser voir d'ordinaire que son visage et ses mains, seules parties de sa personne auxquelles il ait apporté quelque perfectionnement. Puis sont venus les ascètes, qui ont dit anathème aux joies des sens, les philosophes de toute secte, plus ou moins heureux dans leurs efforts pour concilier les prétentions des deux parties contestantes et négocier entre elles un concordat, et, après eux, les spiritualistes, empressés à nous faire croire que l'esprit ne contracte avec la chair qu'un mariage à terme, qu'un jour il s'en ira vivre tout seul dans le ciel, sa vraie patrie, laissant son indigne compagne pourrir en terre, à moins qu'elle ne ressuscite sous la forme d'un corps glorieux et spirituel, qui ne sera plus le corps d'un singe. Comment voulez-vous qu'un être dont la destinée est de joindre toutes les curiosités sublimes aux sensations d'un animal ne soit pas un abîme de contradictions ? Mais, en sa qualité d'animal très rusé, et à la fois méprisant son corps et l'aimant beaucoup parce qu'il le considère comme un grand fournisseur de plaisirs dont il ne saurait se passer, il recourt à toute sorte de petits artifices, de petites hypocrisies, pour s'entendre avec lui-même et accorder ses tendresses avec ses mépris. Il a créé l'art culinaire, et il ne mange pas comme une bête ; il déjeune, il dîne, il soupe. La peinture, la statuaire lui procurent l'agrément de contempler sans honte sa chère et méprisable personne, réduite à l'état de forme pure et de pure apparence, affranchie de tout vil alliage, dégagée de cette matière corruptible à laquelle s'attaquent les maladies et qu'un jour les vers mangeront. Faut-il parler de certain besoin naturel qu'il décore des plus beaux noms ? Cela s'appelle le culte de la beauté, l'union des âmes, la divine sympathie des cœurs. Un philosophe a dit que l'amour est l'étoffe de la nature brodée par l'imagination. L'homme est le seul animal qui cache ses

amours, et comme il tient à sa propre estime, il
n'ose se les avouer à lui-même qu'en mariant à ses
plaisirs des chimères, à ses appétits un peu de mé-
taphysique, et au cri de son désir les chansons de
l'oiseau bleu. Cruels embarras d'un être qui n'a pas
le corps qui convient à son esprit, ou l'esprit qui
convient à son corps ! Mais à quoi bon ces réflexions
chagrines ? Que bénies soient les fictions qui embel-
lissent notre misérable existence et nous aident à
être contents et fiers de nous-mêmes !... Monsieur
Berjac, avez-vous lu *Tristram Shandy ?*

— Jadis Théodule Blandol m'en récita plus d'un
chapitre. Ce cher garçon était notre grand pour-
voyeur de lectures défendues.

— Un soir, s'il vous en souvient, ils étaient tous
ensemble à l'office, valets d'écurie, marmitons, laveu-
ses de vaisselle. Suzanne, la charmante soubrette
s'y trouvait aussi, et le caporal Tom s'était mis à
prêcher. Il leur disait : « Qu'est-ce que la plus jolie
femme du monde ? Une chair corruptible. » A ces
mots, Suzanne, qui le caressait de la prunelle, se
recula vivement et s'en alla bouder dans un coin.
Mais l'auteur ajoute : « Femmes, c'est ce délicieux
mélange qui fait de vous les chères créatures que
vous êtes, et celui qui vous hait pour cela a sûrement pour tête un concombre et pour cœur un pé-
pin. Qu'on le dissèque bien vite ! on verra si j'ai
dit vrai. »

Je frappai sur sa table à écrire un si formidable
coup de poing qu'elle trembla sur ses quatre jambes, dont l'une était boiteuse et mal calée.

— Au diable ! dit-il ; ne cassez rien.

— Docteur, m'écriai-je, vous qui avez tout ap-

pris ou tout deviné, expliquez-moi comment il peut
se faire qu'une femme qui me devait tout ?...

— Ah ! ah ! fit-il en ricanant, on vous y prend,
on vous y attrape.

— Une femme, dis-je, pour qui j'avais toujours
été parfait !...

— Eh ! le malheureux ! il l'avait expulsée de sa
mémoire, il n'y pensait plus, il n'en parlait jamais.

— Docteur, il faut que cela sorte. Comment se
fait-il qu'une femme ?... Regardez-moi, je ne suis
pas encore décrépit ; j'ai eu mes trente-deux ans
accomplis le 9 septembre de l'an dernier, et je ne
suis ni tortu ni bancroche. Sans être fat, je ne me
crois pas vilain ; certaines femmes m'ont fait la
grâce de me donner à entendre qu'il ne tenait qu'à
moi, que je n'avais qu'à vouloir... Je n'ai pas voulu,
non, je n'ai pas voulu. Ce n'était pas dans mon
idée, ni surtout dans l'idée de mon père. Le petit
cousin, vous le connaissez, vous l'avez vu. Quel affreux rousseau ! je l'appelais le macaque. Et notez,
je vous prie, qu'il n'a pas eu la peine de soupirer
longtemps ; c'est d'elle que sont venues les avances,
elle s'est offerte ; j'ai des lettres qui en font foi. Et
notez encore que le jour même où elle se donnait à
lui, elle me rendait ses bonnes grâces et s'étudiait
à me reprendre... Docteur, si vous m'expliquez l'impudeur de cette femme, je vous proclame un grand
savant.

Cette fois, il passa sa jambe gauche sur sa jambe
droite, et de sa main droite prit son pied gauche.

— Mon cher voisin, me dit-il, vous êtes un mauvais lecteur, vous ne savez pas déchiffrer les écritures ; autrement Darwin vous aurait appris ce qu'il

faut entendre par une réversion. Les chevaux, vous ne l'ignorez pas, ont la faculté de mouvoir certaines parties de leur peau par la contraction du pannicule musculaire ; certains hommes, par une contraction toute pareille, dont nous n'avons pas le secret, vous et moi, remuent à leur plaisir la peau de leur tête. C'est un joli talent, et il y faut voir un cas de réversion. D'autres ont le pouvoir de chauvir des oreilles ou de les ramener d'arrière en avant et d'avant en arrière, ainsi que les chiens et les chats. C'est encore une réversion. D'autres ont le gros orteil mobile et opposable, comme celui d'un singe, et peuvent s'en servir comme d'un pouce pour jouer du violon ou pour peindre à l'huile. Il en est dont l'os coccyx est si développé qu'on leur fait l'injure de les appeler des hommes à queue. D'autres, enfin, aussi velus que des ours, ont l'occipital si aplati, le front si fuyant, la voûte crânienne si comprimée, les mâchoires si saillantes, qu'ils n'auraient pas le droit de s'indigner contre ceux de leurs cousins pauvres qui s'aviseraient de les traiter de frères. Je vous l'ai dit, l'homme est le grand déclassé de la création, et tantôt il aspire à se dissoudre dans l'éther, ou il rétrograde piteusement vers ses humbles origines... Il y a aussi des femmes à réversions. La bête a ses curiosités folles, et quand la bête crie, on fait ce qu'elle veut ; c'est l'heure du berger pour les vilains rousseaux.

Et là-dessus il cita deux vers de Juvénal ; Blandol me les avait lus en traduction, avec beaucoup d'autres :

> *Si nihil est, servis incurritur ; abstuleris spem*
> *Servorum, veniet conductus aquarius...*

Il ajouta :

— Mon cher voisin, profitez de votre expérience, ne faites plus à vos amis le chagrin d'épouser une femme à réversions.

Je bondis sur ma chaise.

— Docteur, docteur, lui dis-je, vous moquez-vous de moi ? Me croyez-vous donc capable de me remarier ?

— Laissez, laissez, dit-il. Qui a bu boira.

Il m'avait mis en colère. Sans prendre congé de lui, je gagnai la porte pendant qu'il me disait :

— Doucement, vous êtes trop vif. C'est une nuit sans lune, les étoiles brillent, mais n'éclairent pas. Donnez à Marguerite le temps d'allumer sa lanterne.

— Ne dérangez pas Marguerite, lui répliquai-je, je connais mon chemin.

Comme je traversais la cour, il ouvrit sa fenêtre pour me crier :

— Sans rancune, mon cher monsieur Berjac. Je m'invite à votre second mariage. Vous avez beau ne plus croire aux miracles, vous serez toujours de la race des croyants.

Et je m'enfonçai dans la nuit noire, la prenant à témoin qu'erreur ne fait pas compte, que Sylvain Berjac n'était pas homme à se laisser tromper deux fois, qu'il en avait à jamais fini avec les femmes.

XI

3 mars.

Je passe ma vie à gronder. Ce soir pourtant, il se mêlait quelque douceur à ma mélancolie ; mon avoué m'ayant donné de ses nouvelles, mon noir avait tourné au gris clair.

Au coup de dix heures, la nuit étant calme et sereine, je voulus, avant de me mettre au lit, aller respirer le frais dans ce que j'appelle mon chemin de ronde, lequel sépare mes vignes de mon potager. Je sortis par la petite porte, dont j'ai seul la clef, et je longeais tranquillement mon mur à chaperon, les mains derrière le dos, lorsque je crus entrevoir une ombre arrêtée devant ma grille. Je continuai d'avancer, elle ne se dérangea pas. On assure que le matin, dans les montagnes, à l'heure où le coq de bruyère rend ses hommages au soleil levant, cet oiseau, le plus défiant de tous, uniquement occupé de l'objet qui le transporte, est tellement blessé d'amour et perdu dans ses pensées que le chasseur peut l'approcher, le coucher en joue sans inquiéter sa brûlante extase. Il en va des amoureux sans plumes comme des coqs de bruyère.

Je m'étais coulé derrière un buisson ; je me tenais coi, je prêtais l'oreille. L'ombre parlait, et, de l'autre côté de la grille, à quelque distance, quelqu'un lui

répondait. Je reconnus l'amoureux à sa voix de ro-
gomme. C'était un nommé Joseph Loubil, ancien
soldat du train, natif du village désormais histo-
rique où Mlle Zoé Gabelin apprit à coudre. Ayant
quitté le service depuis peu, et maréchal ferrant
de son état, il rêve de s'établir dans ce pays, d'y
monter une forge. En attendant, faute de mieux,
il était venu deux fois déjà me prier de l'occuper à
quelque travail, et je comprends à cette heure ce
qui l'attirait chez moi. Pour le moment, c'est à un
plus doux ouvrage qu'il aurait voulu se livrer ; mais
une grille fermée est un grand empêchement. Il gro-
gnait, il geignait.

— Je suis sûr que vous avez la clef, disait-il.

— Je vous jure que je ne l'ai pas.

— Approchez du moins ; j'ai des choses à vous
dire, et je ne veux pas les crier.

Elle se gardait d'approcher, elle se mettait à rire,
et de nouveau il se lamentait, il suppliait. Je ne
pouvais la voir, mais je démêlais facilement son
petit manège. Elle tournait les talons, feignait de
s'en aller. Alors il se fâchait tout de bon, la mena-
çait de tenter l'escalade, entreprise ardue, pleine
de hasards. Aussitôt elle faisait volte-face, revenait
sur ses pas, puis s'arrêtait hors de portée. Pour la
seconde fois, j'entendis son rire provocant, moqueur,
qui égrenait ses perles dans le vague de la nuit, et
l'imbécile recommençait à la supplier, exhalant son
dépit en de longs soupirs, auxquels se mêlaient par
intervalles des jurons de caserne.

— Venez, mais venez donc ; vous feriez damner
un saint.

— Joseph, me promettez-vous d'être sage ?

— Sage comme un agneau, comme un bon Dieu, répondait-il.

Elle prit enfin son parti, et, lentement, lui fit la grâce de venir s'appliquer contre la grille, disant :

— C'est bien convenu, vous m'avez promis d'être sage ?

Il ne fut ni sage ni sot. Je devinai qu'il avait passé lestement son bras droit entre deux barreaux et qu'il la tenait par la nuque. Elle avait beau protester, se débattre, lui rappeler ses engagements, elle était à sa discrétion, et j'entendis le bruit d'un baiser, puis d'un second, puis d'un troisième...

On ne put aller jusqu'à quatre. Une grande colère très stupide s'était emparée de moi, m'échauffait la cervelle et les joues. Il me parut que ce Joseph était un maraudeur, qui pillait effrontément mon jardin, un braconnier qui attrapait mes lapins au collet, qui me prenait mon bien, me dérobait... C'était absurde ! Mais, permettez, en fin de compte, ce qui est chez moi est à moi.

J'étais sorti de mon buisson, et, me dressant tout debout, je frappai des mains. Il prit ses jambes à son cou, elle détala, il n'y avait plus personne. Je regagnai bien vite la petite porte dans l'espérance de prévenir la fugitive, de lui couper la retraite, de la surprendre avec éclat en flagrant délit d'escapade nocturne. Elle sait courir, j'arrivai trop tard. Elle avait déjà enjambé l'appui de sa fenêtre, tiré son volet, et elle faisait la morte.

Le gibier aux bonds agiles s'était moqué du chasseur. Mais avant de lever le siège, doutant si j'avais rêvé, je voulus m'assurer que la terre humide conservait des empreintes de pas. J'allumai une bougie, que je porte toujours dans ma poche, et j'avisai au coin de la maison une jolie pantoufle, ornée d'une bouffette de ruban rose. Cendrillon l'a perdue dans sa fuite ; sans doute, elle donnerait beaucoup pour la revoir. Armé de cette pantoufle, dont le témoignage ne peut être récusé, j'irai trouver Mme Gabelin, et je lui dirai avec autorité :

— Bonne femme, je vous avais prévenue que je n'entends souffrir aucun scandale chez moi. Expédiez votre fille en quelque endroit où ses galants pourront la voir sans que je les voie.

Cette aventure m'avait ému. Pourquoi ? Je voudrais qu'on me le dît. Pour penser à autre chose, j'ai ouvert machinalement mon gros volume et mes yeux sont tombés sur ce passage :

« Les thysanures constituent l'ordre inférieur des insectes. Ils ne subissent pas de métamorphoses. Leur bouche est disposée pour broyer, et leur abdomen se termine par trois filets, qui leur servent à sauter, d'où leur vient leur nom, qui signifie : queue frangée. Ces insectes nous offrent une organisation tout à fait subalterne ; mais on acquiert, en les étudiant, la preuve intéressante que, même à un degré aussi bas de l'échelle animale, les mâles font une cour assidue aux femelles et que les femelles possèdent tous les secrets d'une coquetterie raffinée. Le célèbre Lubbock dit, en décrivant le *smynthurus luteus* : « Il est fort amusant de voir « ces petites bêtes coqueter ensemble. Le mâle, beau-« coup plus petit que la femelle, court autour de « l'objet de ses tendresses. Puis ils se placent vis-« à-vis l'un de l'autre, avancent et reculent comme

« deux agneaux qui jouent. La femelle feint ensuite
« de se sauver, le mâle la poursuit avec une appa-
« rente colère et la devance pour lui faire face de
« nouveau. Elle se détourne timidement, mais le
« mâle, plus vif dans ses allures, se détourne aussi
« et semble la fouetter avec ses antennes. Enfin,
« après être restés face à face quelques instants,
« leurs antennes ne leur servent plus qu'à causer,
« et, dès lors, ils sont tout entiers l'un à l'autre. »

C'étaient un *smynthurus luteus* et une *smynthura
lutea* qui causaient tout à l'heure des deux côtés de
ma grille. Quand on ne croit pas au diable, il faut
croire à la bête, de qui nous descendons. Le docteur
sait ce qu'il dit, la bête et son cri expliquent tout.

XII

On veut et on ne veut plus ; l'homme est un animal bizarre. Ce matin, de bonne heure, je me rendais auprès de Mme Gabelin dans l'intention de régler mes comptes avec elle, de l'édifier sur les manœuvres d'une belle fille dont elle m'avait vanté l'innocence, lorsque je vis sortir de la ferme Mlle Chiffe, qui s'en allait en journée. Elle descendit lentement l'avenue, s'arrêtant à chaque pas pour regarder autour d'elle. Je lui disais en moi-même : « Cherche à ton aise, ma belle enfant ; ce que tu cherches est dans ma poche. »

Elle se retourna, m'aperçut et tint à me prouver qu'elle savait rougir. Puis elle me fit une légère inclination de tête, à laquelle je ne répondis point, et après m'avoir jeté un long regard, qui me parut plein de repentir et d'humble supplication, elle partit comme un trait.

Je me suis laissé bêtement toucher, attendrir ; j'ai fait grâce à sa confusion, je n'ai rien dit à sa mère... A quoi bon ? Il y aurait du bruit, de l'orage, des scènes de famille. Je ferai moi-même ma police ; je surveillerai cette noctambule. Si jamais je l'at-

trape de nouveau dans un tête-à-tête amoureux, je
lui dirai son fait, je lui signifierai brutalement son
arrêt d'expulsion définitif et exécutoire.

Jusque-là, je garde sa pantoufle ; je l'ai serrée
dans un buffet.

DEUXIÈME PARTIE

XIII

Je ne suis plus seul à Mon-Cep. Par un singulier hasard, j'ai racolé un commensal de bel appétit, un de ces gentils compagnons qui ne se font pas prier pour venir chez vous et, une fois installés, ne s'en vont plus. L'amphitryon n'a pas le droit de s'en plaindre ; il ne tenait qu'à lui d'être moins aimable, moins invitant.

J'étais allé, la semaine dernière, passer une journée à Rochefort chez Félicien. Les choses anciennes étant d'ordinaire plus gaies que les nouvelles, nous avions pris plaisir, lui et moi, à remuer les cendres de nos vieux souvenirs de jeunesse ; il en sort toujours quelque étincelle bleue ou rouge.

— Te rappelles-tu ceci ?... te souviens-tu de cela ? Et Théodule Blandol ! Quel charmant garçon !

— Charmant tant qu'il te plaira, me disait Félicien ; je ne l'ai jamais aimé. Il était trop personnel ; il ne donnait rien et il aurait cru se déshonorer en rendant ce qu'on lui avait prêté.

— Bah ! lui dis-je, il avait ses bons moments. Je le vois d'ici ce blondin, au teint rosé, aux manières dégagées, cachant des passions assez vives sous des airs froids et languissants. Son indolente paresse, qu'il cultivait avec amour, était sujette à s'exalter ; de temps à autre, il lui prenait des flambées d'enthousiasme et des fureurs de discussion. Tour à tour lyrique, chipoteur ou somnolent, il n'avait de goût que pour les mauvais livres, pour la flûte, dont il jouait assez bien, et pour l'étude de l'anglais, qu'il regardait comme une langue distinguée, et il était né avec l'amour du distingué. Son père, épicier droguiste, qui parlait peu, lui disait une fois la semaine : « Théodule, je n'aime pas les garçons qui perdent leur temps. » Il m'emmenait souvent passer le dimanche chez ses parents. Quand nous faisions trop de bruit, son terrible père, apparaissant soudain, le saisissait d'une main puissante, lui administrait deux ou trois claques, et disait en le posant à terre : « Théodule, mon fils unique, voilà ce qui arrive aux jolis garçons qui perdent leur temps. » Ce beau fils m'entraînait quelquefois dans un magasin de modes où il avait ses entrées. Je rougissais devant ces demoiselles ; les yeux à terre, la langue nouée, je me disais : « Parle, animal ! » Pauvre esprit ! rien ne me venait. Théodule avait la parole en main, riait, plaisantait, débitait des fadeurs, prenait des libertés dont on ne s'offusquait point ; j'enviais cet insolent petit drôle à qui tout était permis. Le jour où il eut seize ans, son père le retira du lycée pour l'employer dans sa droguerie. Mais la flûte et les modistes l'occupaient beaucoup plus que les lettres qu'on le chargeait d'écrire, et de mois en

mois s'accroissait le nombre des rues de Bordeaux
où il n'osait plus passer, de crainte d'y rencontrer
quelque créancier grincheux, si bien que son père,
las de payer les dettes de ce bourreau d'argent, lui
mit un matin deux billets de mille francs dans la
poche et l'embarqua sur un bâtiment de commerce
en partance pour San-Francisco, en lui disant :
« Théodule, débrouille-toi comme tu pourras. » Depuis lors, plus de nouvelles. Je serais curieux de
savoir ce qu'il est devenu.

— Je crains bien, me dit Jalizert, que ce fou paresseux ne crève de faim dans quelque endroit perdu.

— Je n'en crois rien, répliquai-je. Les Théodule
se tirent toujours d'affaire.

Deux heures après, je montais dans le train qui
devait me ramener à Saintes. Il n'y avait dans le
compartiment où je venais d'entrer qu'un monsieur
blond, qui dormait étendu sur les coussins. Je m'as-
sieds en face de lui. Il se réveille, se met sur son
séant, bâille, s'étire les bras, et je pousse un cri.

— Théodule, Théodule Blandol ! Non, je ne rêve
pas. C'est bien toi, mon cher ami ?

— Eh ! oui, mon cher ami, c'est bien moi. *Ipsissimus !*

— Tu parles latin, mon ami ? S'il m'en souvient,
c'est une langue où tu ne mordais guère.

— Eh ! mon ami, que veux-tu ! J'ai couru le
monde, on s'instruit en voyageant.

— Ah çà, d'où viens-tu ?
— De très loin.
— Mais encore ?
— Ce serait trop long à dire.
— Peut-on du moins savoir où tu vas ?

— Je cherche un endroit où un homme de bien, las d'avoir trop couru, puisse trouver le vivre, le couvert et le repos à des prix doux dont s'accommodent mes courtes finances.

— Viens passer deux jours chez moi, nous chercherons ensemble.

— Eh ! parbleu, je le veux bien.

— Ah ! quel plaisir de se retrouver, mon cher Théodule !

— Il est très vif, mon cher je ne sais qui. Hâte-toi de me dire ton nom. Du diable si je réussis à en mettre un sur ton visage !

Je me nommai ; mais de ce moment je fus plus modéré dans les effusions de mon amitié : il est toujours mortifiant de n'être pas reconnu. Je me refroidissais, il s'échauffait.

— Le voilà donc, ce cher Sylvain Berjac ! Puis-je me flatter qu'il ait conservé son incomparable candeur du temps jadis !

— On s'est donné le mot pour m'en guérir, et je ne crois plus que la moitié de ce qu'on me dit.

— C'est encore trop ; il ne faut croire à rien, sauf à l'amitié de Blandol et à ses histoires, qui sont toujours vraies, même lorsqu'elles sont invraisemblables.

Là-dessus, il me conta la sienne. Débarqué depuis quelques jours à San-Francisco, il y battait le pavé, quand sa bonne étoile lui fit rencontrer un Anglais, sir John Almond, qui courait le monde par plaisir et par devoir. Cet Anglais s'était dit : « Je ne suis pas sûr que mon âme soit immortelle, je ne suis pas sûr non plus qu'elle ne le soit pas. C'est une question pendante, il est bon de prendre ses précautions. L'homme se flatte qu'après sa mort il lui poussera des ailes, et il compte s'en servir pour se promener d'astre en astre ; mais le souverain juge lui dira : « Mon fils, je t'avais logé sur une misérable « petite planète, qui n'a guère plus de quarante mille « kilomètres de circonférence, et tu n'as même pas « eu la curiosité d'en faire le tour. Là, qu'irais-tu « faire dans Jupiter et dans Saturne ? »

Pressé du double désir de s'éloigner de sa femme, qu'il ne pouvait souffrir, et d'assurer les plaisirs de son immortalité, sir John Almond avait résolu de consacrer cinq ou six ans à voir la terre en détail. Le secrétaire qu'il avait emmené de Londres venait de mourir de la fièvre jaune. Sir John aimait la flûte, Théodule s'insinua dans ses bonnes grâces ; il lui trouva de l'esprit, de l'agrément. Une semaine après, Théodule était son commis aux écritures, et, durant cinq années, on visita ensemble la Chine et le Japon, Madagascar et le cap de Bonne-Espérance, l'Inde et le Canada, les forêts où l'on chasse l'éléphant et les régions austères où l'Esquimau pratique une ouverture dans la glace, pour y attendre pendant des heures, par un froid de trente degrés, le veau marin dont il convoite la graisse.

Quand on eut tout vu, on se sépara. Le premier soin de Théodule fut de se présenter chez son père, qui lui fit fête et lui offrit bénévolement de rentrer dans sa droguerie pour y tenir ses livres. Cette proposition fut mal reçue, Théodule demanda un an pour y penser. Son Anglais lui sert une pension de cent cinquante louis, c'est assez pour vivre petitement : mais Théodule est un de ces hommes qui ont moins peur de la misère que de la pauvreté.

— Il me viendra quelque idée, me disait-il ; mais il faut qu'au préalable j'emploie douze bons mois à ne rien faire. Je suis recru de fatigue, sir John m'a surmené. Que le diable l'emporte, lui et ses bottes de sept lieues !

Chemin faisant, j'avais réfléchi. Je regrettais de l'avoir engagé à venir se délasser deux jours à Mon-Cep. L'imagination est une folle : on songe tout à coup à son ami Théodule, on croit se rappeler qu'il était charmant, on donnerait beaucoup pour le revoir, on le revoit et on en a bien vite assez. Au cours de son récit, il lui était échappé quelques plaisanteries qui m'avaient déplu. La contrariété de nos esprits, de nos humeurs, la crainte d'introduire dans ma silencieuse solitude un fâcheux, un questionneur indiscret, le peu de goût qu'a Francine pour les nouveaux visages, tout me faisait désirer qu'il ne donnât point de suite à mon invitation, qu'il semblait avoir oubliée.

Je tâchai de me dégager par un tour d'adresse. Deux minutes avant d'arriver à Saintes, je tendis affectueusement la main à ce bel indolent, dont la paresse a fait le tour du monde, et je lui dis avec un sourire agréable :

— Je suis charmé de t'avoir revu, Théodule. Si un jour ou l'autre tu venais à passer près de Mon-Cep, souviens-toi...

— Mais comment donc ! interrompit-il ; j'y passerai tout exprès ; j'entends y dîner, y coucher dès ce soir.

Voilà près d'une semaine qu'il y dîne, qu'il y couche. La maison lui paraît bonne ; il attendra pour la quitter d'avoir trouvé son idée, qu'il ne se met pas en peine de chercher. Théodule Blandol est de ces gens qui ne s'en vont pas ; que ne m'en suis-je avisé !

Après tout, grand bien lui fasse ! Ce pauvre garçon avait besoin de se refaire. Il mange comme un loup, boit comme une éponge, consacre le reste de ses journées et ses nuits tout entières au long dormir, qui est, selon lui, un élément essentiel du bonheur. Francine s'en indigne ; elle n'admet pas qu'un homme qui se respecte se couche à huit heures du soir et ne se lève qu'à midi.

XIV

Mon loir commence à se réveiller. Dans les premiers temps, il passait l'après-midi allongé sur mon divan, les pieds plus haut que la tête, les yeux demi-clos, ne sortant de sa torpeur que pour allumer une cigarette, dans la fumée de laquelle il voyait défiler, je pense, des faces de Sioux et de Kamtschadales. Depuis deux jours, sa langueur s'est dégourdie. Il discourt, pérore, raisonne et déraisonne, et de temps à autre me régale d'un air de flûte.

Il me parle souvent de son sir John Almond, qui est, paraît-il, un original et un grand savant, ancien élève de Cambridge, fort en latin, puissant en grec, au demeurant un parfait égoïste, si j'en juge par son cachet, où il a fait graver, en manière de devise, le mot : *Ipsissimus*. Théodule m'a expliqué que les *ipsissimes*, secte fort répandue dans la Grande-Bretagne, sont des sages qui ont la franchise d'avouer qu'ils considèrent leur nombril comme le centre de l'univers ; c'est le seul point fixe, le reste tourne autour. Je soupçonne Théodule d'appartenir lui-même à cette confrérie. Il s'intéresse vivement à son petit moi, le moi des autres n'en est qu'une dépendance, la ferme destinée à nourrir le château.

Peu s'en est fallu qu'hier au soir je ne rompisse
tout net avec lui. Je m'étais promis, juré de ne pas
lui souffler mot de mon malheur, je ne sais par
quel entraînement je le lui contai tout au long ; il
en écoutait le détail avec une attention recueillie
et avec une curiosité narquoise. Quand j'eus fini,
il siffla un air d'opéra entre ses dents ; sa sifflerie
me porta sur les nerfs. Mais à quoi bon se fâcher ?
Il faut apprendre à se taire.

Ce que je trouve plaisant, c'est qu'il est ferme-
ment persuadé que Mon-Cep lui appartient ; il s'y
croit chez lui. Il donne ses ordres à Francine, règle
lui-même le menu de nos repas. Il me reçoit, il me
loge, me nourrit, me fait les honneurs de ma maison
et les fait bien. De quoi me plaindrais-je ? Il pratique à merveille les devoirs de l'hospitalité ; avant
peu je serai rond de graisse.

Prenons notre mal en patience ; on s'accoutume
à un soulier qui blesse. D'ailleurs, en bonne foi, ses
récits m'amusent et souvent m'instruisent ; suppor-
tons quelque temps encore cet *ipsissime*. Je ne suis
pas homme à lui dire : « A propos, quand me feras-
tu le plaisir de t'en aller ? »

XV

Journée bénie entre toutes ! Cette femme ne porte plus mon nom, cette femme ne m'est plus de rien. Le bonheur rend bon. Les plus vilains visages me plaisent, les voix les plus rauques sonnent mélodieusement à mon oreille ; je voudrais répandre sur tout le genre humain et jusque sur les volailles de ma basse-cour la joie dont mon cœur déborde.

J'arrivai de là-bas à toutes jambes ; je devais avoir la figure d'un événement, car du plus loin qu'elle m'aperçut, Francine pâlit d'émotion et me cria :

— Monsieur, c'est donc fait ?

— Eh ! oui, c'est fait, lui répondis-je, et si tu veux voir le bonheur, regarde l'homme qui te parle. Après des mois de mortelle attente, il a obtenu un jugement qui ne sera pas frappé d'appel et qui, pour employer les paroles de ces excellents juges, admet le divorce au profit de Sylvain Berjac contre Mme Hermine de Roybaz, sa femme, et l'autorise à se retirer devant l'officier d'état civil pour le faire prononcer.

A ces mots, je la saisis par sa grosse taille carrée, j'obligeai ses vieilles jambes à danser, sauter, baller avec moi, tandis que Théodule s'empressait d'emboucher sa flûte et de nous jouer une gigue endiablée. Cela faisait une scène assez grotesque.

A la fin du dîner, Francine nous présenta deux coupes, accompagnées d'une bouteille de vin d'Aï, dont je fis sauter avec bruit le bouchon.

— Théodule, m'écriai-je, tu peux porter sans crainte à tes lèvres cette coupe nette de toute souillure. A peine la femme qui ne m'est plus de rien avait-elle quitté cette maison, j'ai renouvelé ma vaisselle, ne voulant pas risquer de boire dans un verre où elle avait bu... Théodule, portons un toast au législateur divinement inspiré qui inventa le divorce et pourvut à la protection des honnêtes gens contre les coquines et leurs petits cousins !

Il vida sa coupe d'une seule lampée, alluma une cigarette et me dit :

— Je m'associe à ton allégresse délirante, mon cher Sylvain, car il faut partager les joies de nos amis même quand elles sont déraisonnables. Mais fais-moi la grâce de m'expliquer ce que tu entends par les honnêtes gens.

— Je n'y entends pas finesse, lui répliquai-je. Mon bon père, que je n'ai pas assez aimé, avait la simplicité de croire qu'un honnête homme est celui qui respecte la foi jurée et le bien d'autrui.

Il fit une singulière grimace, prit le temps de se tâter, d'interroger sa conscience, puis il s'écria :

— Dieu me fasse miséricorde ! Ce qui me rassure, c'est que je connais plus d'un pays où il n'est point nécessaire de respecter le bien de son prochain ni surtout sa femme, pour avoir le droit d'être classé parmi les honnêtes gens.

— O la belle chose que les voyages, m'écriai-je
à mon tour, pour assouplir une conscience !

— Dis plutôt, Berjac, pour élargir un esprit. Il
en va de l'honnête et du malhonnête comme du
laid et du joli. Autre nation, autres mœurs, autres
goûts ; c'est affaire de latitude, de climat, de race,
de préjugés, d'éducation. Dans l'archipel malais, les
femmes soigneuses de leur personne se teignent les
dents en noir, en rouge ou en bleu, et considèrent
comme une honte de les avoir blanches ; c'est bon
pour les chiens. Ailleurs, on pense s'embellir en les
arrachant, et le chef de Latouka disait à sir Samuel
Baker que les Anglaises auraient meilleure grâce si
elles consentaient à enlever leurs quatre incisives
inférieures et à se trouer la lèvre pour y pendre un
cristal à longue pointe. J'ai aimé, fort en courant,
il est vrai, des femmes au teint de suie et d'autres
du plus beau chocolat, et j'ai connu aussi, pour les
avoir rencontrées sur les grandes routes, des morales
de toute couleur. Voyage, Berjac ; voyage, mon
ami ; l'homme qui part et l'homme qui revient sont
deux hommes, et, soit dit entre nous, tu reviendras
de loin. Va-t'en visiter les Turcomans, et tu ne tar-
deras pas à t'assurer qu'avant la conquête russe ils
tenaient le brigandage en haute estime, qu'ils ho-
noraient comme un grand homme celui d'entre eux
qui avait le plus massacré, violé et pillé. Donne un
coup de pied jusqu'en Australie ; tu y verras des
peuplades où le jeune homme qui veut obtenir de la
considération doit commencer par tuer quelqu'un.
Va-t'en causer avec les Sioux ; ils te diront que chez
eux on n'acquiert le droit de porter une plume à
son bonnet qu'après avoir commis son premier petit

assassinat. Si jamais tu passes à Bornéo, informe-
toi de la façon dont certaines tribus pratiquent le
mariage : on enlève une femme de force, on s'ac-
couple avec elle dans la forêt ; une fois l'enfant se-
vré, on ne se revoit plus. Si tu rencontres un voyageur qui ait pris langue avec les Arabes Hassaniyeh,
il t'apprendra qu'ils ne connaissent que le mariage
aux trois quarts, c'est-à-dire que leurs femmes sont
légalement mariées trois jours sur quatre, que le
quatrième elles sont libres de faire tout ce qui leur
plaît. O le bon pays pour les petits cousins ! Il y
avait autrefois dans les îles Sandwich des indigènes
qui avaient des droits sur la sœur de leur femme,
sur la femme de leur frère, sur la femme du frère
de leur femme ; cet usage s'en va, paraît-il, car tout
périclite, tout se détériore. Ailleurs, les filles qui se
marient épousent tous les frères de leur mari. Si
quelque jour tu t'en vas promener ta mélancolie
dans l'Afrique australe, tu y trouveras des régions
entières où les Sylvain Berjac de l'endroit croiraient
manquer au plus saint des devoirs en n'offrant pas
Mme Berjac à l'étranger qui passe... Voyage, te dis-
je, et tu verras qu'infanticide, inceste, adultère, il
n'est pas un crime qui, dans plus d'un pays, ne
soit tenu pour une pratique fort honnête. Cela te
rendra plus indulgent pour les coquines et plus scep-
tique à l'endroit de ta vertu. Mon Anglais, qui est
un homme d'esprit, quoiqu'il aime trop à courir,
m'a dit plus d'une fois : « Mon cher Théodule, avant
de quitter l'Angleterre, je croyais que le plus beau
fruit qu'on retire des voyages est de s'assurer que
les hommes ont dix mille façons de déraisonner. A
la longue, j'ai fini par m'apercevoir que chacun

d'eux avait sa façon particulière d'avoir raison, et
que le seul être absurde est celui qui s'imagine sottement que la sienne est la seule bonne. » A quoi il
ajoutait : « Ne nous scandalisons de rien ; l'indignation est la marque des sots. »

— Disons tout de suite avec ton Anglais que
l'honnête et le malhonnête ne sont qu'un, qu'il n'y
a point de morale.

— Point de morale ! reprit-il d'un air scandalisé.
A quoi penses-tu ? il en est jusqu'à deux. L'une,
qui revêt mille formes diverses, qui varie selon les
temps et les lieux, est une loi de convention, comme
les règles du whist et du piquet. Elle est souvent
fort absurde, mais elle a force de loi ; il y a des
juges commis au soin de la faire observer et de
poursuivre les contrevenants. Aussi les gens d'esprit affectent de la respecter beaucoup, car il faut
toujours parler la langue du pays qu'on habite.
Leur seule ressource est de tricher tant qu'ils peuvent, quand on n'a pas l'œil sur eux. Et, en vérité,
du plus au moins, tout le monde triche, et je me
fais fort de prouver que toi-même, Sylvain Berjac...
Mais je craindrais de t'offenser.

— Ne crains rien, mon cher garçon. J'ai le cœur
si gonflé de joie que je suis capable aujourd'hui de
tout entendre sans me fâcher... Non, tu ne m'of-
fenses pas, mais tu m'inquiètes. Je ne sais combien
de temps encore j'aurai le bonheur de te posséder
à Mon-Cep. Qui me répond que mon hôte, qui s'est
élargi l'esprit en causant avec les Sioux, ne m'étran-
glera pas une nuit dans mon sommeil pour acquérir le droit de mettre une plume à son chapeau ?

— Rassure-toi, mon fils. Si je méprise la morale

de convention, il en est une autre universelle, invariable et sacrée, que je respecte infiniment. Elle nous commande de chercher notre bien : « Prends-y garde, ne va pas t'y tromper, nous dit-elle ; sois intelligent ; en cherchant son bien, on trouve quelquefois son mal. Et, par exemple, ne fais pas la sottise d'étrangler ton ami Sylvain Berjac. Son amitié est un lait pur et nourrissant ; on trait sa vache, on ne la tue pas. »

— A la bonne heure ! et voilà parler... Après quoi, vivent les femmes à réversions ! Comme les bêtes, elles pratiquent religieusement la morale universelle et sacrée ; elles cherchent partout leur bien, et partout elles le trouvent.

Il haussa les épaules et me dit d'un ton dogmatique :

— Je ne sais, mon petit vieux, quels sont tes auteurs et où tu prends que l'homme ou la femme s'avilit, se dégrade en retournant à ses origines, en demandant à la bête des leçons et des exemples. Reviens de ton erreur, mon enfant. Le grand sage auquel j'ai eu l'honneur de me frotter et qui veut bien me servir une petite, très petite pension, pour me récompenser d'avoir su profiter à son école, me disait un jour : « Tous les mépris sont bêtes ; mais le plus bête des mépris est le mépris de la bête ! » Ses voyages lui avaient appris à admirer toujours plus l'industrie comme la sagesse des animaux. Ils sont nos maîtres en tout, même en morale. Ils ont sur nous l'inappréciable avantage de discerner spontanément, par une sorte d'inspiration, leur véritable intérêt. Dès les premiers jours de leur existence, ils adoptent sans effort le genre de vie qui leur convient. La nature leur épargne les cruelles méprises qui sont notre triste partage. Elle les a organisés pour trouver le bonheur, les uns dans la fidélité des longues affections, dans la douceur des longues habitudes, dans l'enchantement des souvenirs, les autres dans la promptitude des oublis et des changements, dans cette curiosité du cœur, qui est une maladie divine, et il n'est pas besoin de moralistes ni de législateurs pour enseigner la constance à l'hirondelle, à la colombe, l'infidélité ou la polyandrie à l'errante femelle du coucou, la loi du caprice et la polygamie à ce sultan ombrageux et superbe qu'on appelle un taureau.

— Sir John Almond, lui demandai-je, marche-t-il quelquefois à quatre pattes ?

— Tu déraisonnes, mon fils ; tu fais tort à ce sage qui n'aspire à redevenir un peu bête que pour mieux faire son métier d'homme, pour mieux remplir ses devoirs envers lui-même et envers le souverain Créateur, de l'existence duquel il n'a jamais douté.

— Et sans doute, pour mériter ses bonnes grâces, dis-je encore, il lui fait chaque matin ses prières en ces termes : « Seigneur Dieu, qui nous ordonnez d'avoir un égoïsme intelligent, je vous promets d'aimer chaque jour davantage sir John Almond et de n'aimer jamais personne autre. »

— Tu es de ces chiens, me dit-il, qui ont la quête trop chaude et perdent la piste par excès d'ardeur. La morale de sir John est plus compliquée que tu ne le penses, et si tu ne me coupais pas le sifflet à chaque instant, tu saurais déjà que, suivant lui, l'égoïsme doit être non seulement intelligent et sa-

gace, mais avenant, communicatif et aimable. Il
n'est pas nécessaire de se donner, mais il faut savoir
se prêter, et il est bon de joindre à la tendresse
qu'on a pour soi-même un peu d'altruisme ; c'est
son mot. Nous naissons fort dépendants ; qui que
nous soyons, nous avons besoin d'être aimés, et l'a-
mitié exige du retour. La nature y a pourvu ; elle
a mis en nous une disposition à goûter les choses
dont nous gardons facilement une idée juste et nette,
les êtres dont l'image se peint et s'imprime comme
d'elle-même dans notre cerveau, sans exiger de nous
aucune contention d'esprit. C'est le secret de notre
goût, de notre sympathie instinctive pour nos semblables ; nous leur savons gré, comme le disait sir
John, du peu de peine que nous avons à les comprendre. Au surplus, ayant la même conformation
que nous, ils ont aussi la même destinée, les mêmes
ennemis ; ils courent les mêmes dangers, les mêmes
hasards, et nous voyons en eux des compagnons
de fortune, des alliés naturels. En ceci encore, les
animaux sont dignes de nous servir de modèles ;
par une sorte d'attrait irrésistible, ils recherchent
la société de leurs congénères. Les grands carnivores, qui trouvent difficilement à se repaître, se can-
tonnent dans leur solitude, ne connaissent que le
sauvage égoïsme de la famille ; mais les mangeurs
d'herbe ne sont heureux que rassemblés, et la plupart des singes vivent en peuplades par la seule
force de l'instinct social. Ne voit-on pas, soir et
matin, les passereaux se réunir en foule à la seule
fin de se donner un concert les uns aux autres, sans
en retirer d'autre profit que le plaisir de sentir autour d'eux la présence d'êtres semblables à eux ?

C'est une fête qu'ils donnent à leurs nerfs, après quoi chacun s'envole à la picorée. Souvent même la sympathie va si loin qu'elle l'emporte sur l'intérêt. Un bouvreuil est-il tué par un chasseur, les autres poussent des cris plaintifs, se lamentent sur cette mort, tournent en cercle autour du cadavre, ne l'abandonnent qu'à regret. « Ce sont là de beaux exemples qu'ils nous donnent », me disait sir John Almond d'une voix émue, avec des larmes dans les yeux, car il avait quelquefois les yeux humides, surtout en sortant de table, et je dois lui rendre le témoignage qu'il est lui-même un égoïste aimable autant qu'intelligent.

— Ne t'attendris pas, Théodule, lui dis-je ; pour l'amour de Dieu, ne t'attendris pas et achève. Il me tarde que tu aies fini.

— Un mot encore, et tu connaîtras toute la morale de cet éminent philosophe. Sa jeunesse, paraît-il, fut orageuse, sa santé en souffrit quelque temps. Il en a conclu que le bien se tourne facilement en mal, que toute joie excessive est une douleur commencée, qu'une certaine tempérance est la meilleure ouvrière du bonheur. C'est en cela surtout qu'éclate la sagesse des animaux, qui sont nos maîtres, et qu'apparaît dans tout son jour la folie des Sylvain Berjac, qui se flattent d'expliquer par la réversion nos excès fâcheux, nos immodesties, tous nos dérèglements de sensualité. Les bêtes, comme l'a dit un grand penseur, sont toujours réglées dans leur conduite ; même chez les espèces qui se complaisent le plus dans le changement, le désir ne vient qu'avec le besoin ; le besoin satisfait, le désir cesse. « Elles font tout le contraire, disait-il, de ce que faisait la fille d'Auguste ; elles ne reçoivent plus de passagers quand le navire a sa cargaison. » Seul entre les animaux, l'homme, et qui dit l'homme dit la femme, possède le don fatal du désir illimité... A qui doit-il s'en prendre ? A sa maudite imagination, qu'il a trop cultivée et qui lui représente tous les possibles et tous les impossibles, l'amuse de vaines espérances, de chimères, le dégoûte de ses souvenirs en parant les nouveautés de grâces mensongères, tyrannise sa volonté, le pousse à excéder ses forces, à entreprendre au delà de son pouvoir, lui persuade que l'inconnu lui réserve des joies que le connu lui refuse : « Regarde cette femme qui passe ; avec elle, ce serait toute autre chose. » ... Hélas ! une triste expérience nous apprend que celle-ci et celle-là, elles se valent toutes, que plus cela change, plus c'est la même chose. « Défions-nous de l'intempérance de notre imagination, disait sir John. Il n'est pas un excès, un désordre que le plus honnête homme du monde n'ait commis vingt fois en rêve, et les rêves produisent les besoins factices, qui échauffent le sang, et le sang chaud engendre les chaudes pensées, lesquelles poussent aux chaudes actions. » Il aimait à citer à ce propos le mot de Shakspeare : « L'amour, madame, a ceci de monstrueux que la volonté est infinie et que l'exécution ne l'est pas, que le désir est sans bornes et que l'action est l'esclave de la limite. » Sir John ajoutait : « Nous n'égalerons jamais les animaux, qui n'ont à se repentir de rien ; mais, à défaut de l'instinct, nous avons la prévoyance raisonnée ; qu'elle nous serve à prévoir nos repentirs ! »

En conscience, je suis forcé de convenir que, sur

l'article du désir illimité, la démonstration de sir
John Almond me parut lumineuse, décisive, que je
me sentis ébranlé dans ma foi à la théorie de la réversion. « Il est certain, me disais-je, qu'à beaucoup
d'égards les bêtes entendent mieux le bonheur que
nous, et nous gagnerions peut-être à leur ressembler
davantage. Il n'est que trop vrai, tout songe est un
mensonge, et nous songeons beaucoup. Doublez la
puissance d'imagination dont dispose la tourterelle,
vous risquerez d'introduire dans son nid le désordre
et l'adultère. Donnez à Mme Hermine de Roybaz,
qui, grâce à Dieu ! ne m'est plus de rien, une tranquille cervelle d'oiseau, vous en ferez peut-être une
honnête femme, quoique à la vérité je n'en voulusse
point jurer. » Bref, il m'était venu des scrupules,
des embarras d'esprit ; je commençais à douter que
le docteur Hervier, bon médecin, fût un philosophe
infaillible ; ses malades lui prennent beaucoup de
temps, il ne raisonne qu'à ses moments perdus, et
la philosophie passe après son violon. Mais on a son
amour-propre, et je ne voulais pas laisser croire à
Théodule que son éloquence eût fait quelque impression sur mon pauvre esprit. Je lui dis d'un ton
goguenard :

— Un égoïsme intelligent, accompagné de la sagesse qui évite les excès et d'une petite quantité
de sympathie altruiste, qu'on dose à volonté, voilà
une morale qui a bon air et coûte peu. Mais, soit
dit entre nous, je ne voudrais pas que le bonheur
ou la conservation de ma vie dépendît de l'altruisme
de ton Anglais. La main sur la conscience, serait-il
homme à risquer sa peau pour sauver la mienne ?

— Cela dépend, c'est selon. Il y a dans ce genre

d'examens et d'études toute sorte de distinctions à faire.

— Si le *distinguo* s'en mêle, mon affaire est faite, je suis mort.

— Eh ! mon cher, en pareil cas, le *distinguo* a du bon. Je me suis laissé dire qu'un digne, aimable et candide vigneron se jeta un jour à l'eau pour en retirer un petit jeune homme qui lui déplaisait fort. On m'assure qu'il se repentit de sa belle action, que si c'était à recommencer...

— Que sais-je ? Je ne réponds pas de moi. J'ai fait ce beau coup par irréflexion, et l'irréflexion est un défaut dont on se corrige difficilement.

— Plus sage est sir John Almond, qui réfléchit toujours. Un matin, cet homme circonspect vit tomber à la mer, dans la rade de Rio-Janeiro, un pauvre diable de matelot espagnol, qui, ainsi qu'il arrive souvent, ne savait pas nager. Sir John est un nageur de première force ; mais il commença par s'informer si ce malheureux valait la peine qu'un Anglais, possédant vingt mille livres sterling de rente, risquât sa vie pour le sauver. Ayant obtenu les renseignements qu'il désirait et acquis la certitude que le noyé était un brave homme, un honnête père de famille, très nécessaire à ses enfants, il piqua bien vite une tête pour le repêcher. Toutefois, en historien véridique, je dois ajouter que sa petite enquête lui avait pris quelques minutes et qu'il ne ramena à terre qu'un mort, qu'il fut impossible de ressusciter. Ce sont là de petits accidents auxquels les philosophes doivent se résigner... Mais, si belle que soit la morale de sir John, plus remarquable encore est sa théorie du droit naturel et sa vénération toute particulière pour la grande Mylitta, principale divinité de l'antique Babylone. Deux paroles seulement à ce sujet, et je t'obligerai de confesser que le seul tort des coquines est de transporter dans notre siècle les principes et les dévotions d'un autre âge, et qu'en conséquence Mme Hermine Berjac...

A ce nom, je ne pus me contenir.

— Elle ne l'est plus, m'écriai-je ; le tribunal a prononcé, je suis franc et libre, heureux et content, je veux me réjouir tout mon soûl, et je vous envoie tous paître, toi, sir John Almond, sa morale, son droit naturel et sa grande Mylitta, divinité de l'antique Babylone !

Francine nous apporta le café. Je me levai pour prendre dans un buffet, qui me sert de cellier, un flacon de ce très vieux cognac dont j'avais régalé l'abbé Poncel et que je réserve pour les grandes occasions. Théodule le paresseux a des yeux derrière la tête ; il ne regarde rien, il voit tout.

— Qu'est donc ceci ? me cria-t-il.

Et il me montrait du doigt, sur une des tablettes du buffet, une jolie pantoufle de femme, que j'avais ramassée un soir dans mon jardin et serrée à côté de mes bouteilles.

— Passe-moi cette amoureuse relique, me dit-il.

Après l'avoir retournée dans ses mains, après en avoir frotté la bouffette rose contre ses deux joues :

— Je ne puis croire que ce soit un souvenir de la femme qui ne t'est plus de rien... Eh ! eh ! mon gaillard, il paraît que notre vertu ne suffit pas à nous consoler ; nous avons nos petites aventures. Ai-je menti tout à l'heure ? nous trichons, nous aussi.

J'avais rougi jusqu'au blanc des yeux. Cela m'ar-

rive toujours quand je découvre en moi une faiblesse, une inconséquence, quelque contradiction
qui m'humilie. Je pris le parti de lui raconter tout
simplement ce qui s'était passé et l'histoire de cette
pantoufle, comment elle se trouvait logée dans un
cellier, entre deux bouteilles.

— Je la connais, reprit-il, ta demoiselle Zoé. Je
l'ai aperçue de ma fenêtre se glissant comme une
belette dans ton jardin pour y dérober quelques
fleurs du premier printemps, dont elle entendait
parer son corsage. Elle a cherché, elle a trouvé, elle
a pris, sans s'aviser que je la guignais de l'œil. Mon
petit vieux, je te déclare que, dans les cinq conti-
nents que j'ai eu l'honneur de visiter, je n'ai pas
rencontré plus belle créature que celle-là ; c'est ce
que nos pères appelaient un morceau de roi. Et ton
puritanisme prétendait expulser d'ici cette merveille, dépouiller Mon-Cep de son plus riche orne-
ment ! Ma parole, il y avait mieux à faire... Sir
John Almond me disait un jour...

— Je m'y attendais, interrompis-je ; cet homme
a tout dit.

— Ne plaisantons pas, reprit-il, la vie est une
chose sérieuse. Donc sir John me disait un jour :
« L'homme qui risque de se rompre le cou pour
cueillir une rose dans un précipice a sûrement le
cerveau fêlé ; mais celui qui trouve une rose à portée de sa main et ne la cueille pas ne sera jamais
qu'un benêt. »

Et m'ayant regardé sous le nez, il pirouetta sur
ses talons, en disant :

— Monsieur Sylvain Berjac, vous n'êtes qu'un
benêt.

XVI

J'AI fait une nouvelle connaissance ; mais cela n'ira pas bien loin. Le chapitre était court, agréable à lire ; je l'ai lu, je l'ai savouré, et puis la page s'est tournée d'elle-même, le livre s'est refermé, et je ne tenterai pas de le rouvrir.

Depuis dix-huit mois ou peu s'en faut, un Parisien, M. Richard Havenne, a loué dans un petit endroit nommé Cloville, à deux kilomètres de Mon-Cep, une maison fort rustique, perchée au sommet d'un petit tertre ombragé de quelques vieux chênes verts. Il y vit seul avec sa fille, qu'on appelle dans le pays Mlle Louise. Il a dû se marier tard ; il a soixante-cinq ans sonnés, elle n'en a guère que vingt-quatre. Ils sont aimés des paysans leurs voisins ; on les dit serviables, obligeants. Ils ont l'humeur à la fois donnante et sauvage ; ils ne voient, ne reçoivent personne, sauf les petites gens qui ont quelque conseil, quelque service à leur demander. Ce sont de grands promeneurs, et comme les routes sont à tout le monde, ils ont eu quelquefois le chagrin de m'y rencontrer. M. Havenne m'avait regardé de travers, en ayant l'air de me dire : « Passe ton chemin, mon garçon ; nous n'aimons pas les rencontres et tout tiers nous est incommode. » Ce per-

sonnage rébarbatif a six pieds de haut, d'énormes
épaules, une grosse tête carrée, les traits durs, avec
d'épais sourcils en broussailles qui se joignent. On
a peine à croire que sa fille soit à lui, tant elle
semble fluette et délicate auprès de ce gros homme
corpulent. On dirait une gazelle trottant de compagnie avec un éléphant de guerre imparfaitement apprivoisé. Elle a de doux cheveux d'un blond cendré,
la taille élégante et fine, l'air distingué. Au demeurant, elle n'est ni laide ni jolie, ou plutôt elle est
jolie ou laide selon les jours, selon que sa mine chif-
fonnée s'arrange ou ne s'arrange pas. La première
fois que je la vis, je trouvai dans ce visage un peu
de guingois et quelque chose de fané, de passé ;
la seconde fois, elle me parut toute fraîche, toute
charmante.

Ces Parisiens sont originaires de Cloville et de la
maison même qu'ils habitent, et qu'ils ne possèdent
pas. Le docteur Hervier les connaît un peu ; le gros
éléphant, qui souffre de rhumatismes, l'a consulté,
en se réservant le bénéfice de ne pas suivre ses ordonnances. Le docteur m'a dit que, de père en fils,
les Havenne sont dans l'usage de vivre à Paris jusqu'à l'âge de soixante ans ; passé ce terme, on part
pour Cloville et la Saintonge ; on a décidé que c'é-
tait un endroit bien choisi pour y vieillir, pour y
mourir. Comme son père, celui d'aujourd'hui était
chef de division dans je ne sais quel ministère. Il
avait épousé une Parisienne pur sang, qui le retenait
là-bas. Elle est morte il y a deux ans, et il s'est
hâté de prendre sa retraite. Sa femme aimait la
dépense, il n'a point fait d'économies ni d'héritage,
il a de toutes petites rentes ; mais la retraite est

bonne et lui fournit non seulement de quoi vivre,
mais de quoi donner, et si sa maison ne paye pas
de mine, on assure qu'elle est fort bien tenue, fort
gentiment meublée et qu'on y fait bonne chère.
D'ailleurs, puisqu'un logis de paysan suffit à ces
gens-là, je ne sais pas pourquoi je leur souhaiterais
un palais. Ils l'aiment tant, ce logis, qu'ils se pro-
mettent de l'acheter un jour, jardin, terre et château, quand ils seront riches.

M. Havenne a l'encolure d'un vieux bureaucrate
grognon et le goût des répertoires, des catalogues,
des boîtes de fiches, des cartons verts. Mais il y a,
dit-on, dans ces ministères de Paris, parmi ces chefs
de bureau ou de division, des hommes qui font cons-
ciencieusement leur métier, sans s'y plaire, et qui
se soulagent de leur ennui en cultivant quelque talent, quelque étude où ils trouvent leurs délices,
quoiqu'elle ne leur rapporte ni gloire ni profit.
L'homme est ainsi fait qu'en toute chose c'est l'*à-
côté* qu'il aime le mieux. M. Havenne a toujours eu
la passion de la botanique, des herbiers, et sa botanique, je ne sais comment, l'a rendu mécréant,
positiviste, athée, que sais-je encore? Mlle Louise,
au contraire, est une bonne catholique, très prati-
quante. Ce père vit avec sa fille sur un pied de com-
plaisances réciproques. Il l'emmène dans ses cour-
ses d'herboriste. Pendant qu'il cherche ses petites
plantes, elle s'assied au pied d'un arbre, brode ou
dessine ; on ne s'embarque jamais sans biscuit, on
mange un morceau au bord d'une source, et au retour c'est elle qui porte en bandoulière la boîte aux
herbes. Pour l'en récompenser, il l'accompagne chaque dimanche et jour de fête carillonnée jusqu'au

seuil de l'église, et c'est lui qui porte le paroissien.
Il n'entre pas, il va faire un tour, on se retrouve au
sortir de la messe, et on a, paraît-il, beaucoup de
plaisir à se revoir. Il ramène de sa course une odeur
d'herbe fraîche, elle emporte du saint lieu un parfum d'encens ; cela fait un mariage, un mélange
agréable.

C'est l'abbé Poncel qui m'a conté ces détails. Cet
indiscret a demandé à Mlle Louise s'il n'y aurait
pas moyen de convertir son mécréant de père. Elle
a répondu :

— Nous avons le temps, rien ne presse. Et d'ailleurs il est si bien comme il est !

L'abbé me disait à ce propos, en me couvant des
yeux :

— Je préfère les hérétiques aux infidèles. Un pro-
testant a cet avantage qu'il ne peut pas être un
mauvais catholique.

Hier au soir, entre six et sept heures, je revenais
de chez le docteur Hervier, dont j'étais allé réclamer
les soins pour Théodule, qui s'est mis à trembler la
fièvre et depuis deux jours ne quitte plus son lit.
Ces accès le prennent quelquefois et s'en vont, dit-il,
comme ils sont venus. Mais je m'inquiète facilement pour la santé des autres et même des gens
qui me sont à charge ; sir John a raison, je ne serai
jamais qu'un benêt.

Je n'avais pas trouvé le docteur, je lui laissai un
mot, et je pris pour rentrer chez moi une traverse
peu fréquentée, qui abrège d'un demi-quart d'heure.
Je doublais le pas, en pensant à mon dîner qui
m'attendait, quand j'aperçus à quelque distance une
jeune femme arrêtée au milieu du chemin. Je re-

connus bientôt Mlle Louise, et je m'avisai en même
temps qu'il y avait à ses pieds un homme gisant
dans la poussière. Elle parut à la fois un peu em-
barrassée et très charmée de me voir arriver. Elle
m'expliqua que son père étant retenu à Cloville par
quelque affaire, elle était sortie seule pour faire un
croquis. Elle venait de le commencer, quand elle
s'était vue accoster par un homme pris de vin, dont
elle avait eu grand'peine à se débarrasser. Comme
il s'éloignait en trébuchant, il avait buté contre une
pierre et s'était laissé choir lourdement tout à plat.
Sa frayeur se changeant en pitié, elle lui était venue
en aide ; il s'était relevé, puis il était retombé et il
avait fini par s'endormir d'un sommeil de plomb.
Le chemin étroit, dont l'ivrogne occupait toute la
largeur, conduit à une carrière qu'on exploite et
d'où les carriers ne reviennent souvent avec leurs
voitures qu'après la tombée de la nuit. Elle crai-
gnait que si l'ivrogne restait là, il ne fût écrasé
sous le sabot d'un cheval ou par une roue de cha-
riot. Elle attendait impatiemment l'arrivée d'un
passant assez robuste pour soulever le corps inerte
et le déposer en sûreté sur l'un des bords du chemin.
J'étais ce passant, et sans doute elle regrettait que
la Providence ne lui eût pas envoyé à ma place
quelque ouvrier de campagne, plus disposé que moi
à s'acquitter de la besogne malpropre dont elle me
chargeait.

Tout en écoutant son petit discours, j'observais
attentivement ses yeux gris clair ; je décidai qu'ils
étaient agréables à regarder. Jadis, dans une vallée
des Cévennes, où j'étais allé enterrer un oncle de
mon père, j'ai vu un rocher de granit au bord d'un

ruisseau, qui jour et nuit le lavait de son eau bien
courante. Ce rocher avait la même couleur que les
yeux de Mlle Louise, et le ruisseau qui le lavait
n'était ni plus frais ni plus limpide que son regard.

Après l'avoir bien regardée, je portai ma vue sur
l'homme étendu, et je reconnus un nommé Balthazar, vannier de son état, ivrogne de profession,
mais avec intermittence. Il ne croirait pas que ce
fût la peine de vivre si un jour au moins chaque
mois on ne se grisait abominablement. D'ordinaire,
il est plus avisé, il prend mieux ses mesures ; il sent
venir l'ivresse et ses fumées, il quitte assez tôt le
cabaret pour pouvoir regagner sa pauvre maison,
où il dort comme un sabot vingt-quatre heures durant. Cette fois l'ivresse l'avait surpris, et il éta-
lait sa turpitude à l'univers. Les feux du couchant
ajoutaient à l'enluminure de son affreuse trogne,
détachaient en lumière sa tignasse poudreuse, ses
joues éraflées et saignantes, répandaient leur pourpre sur sa bouche entr'ouverte, baveuse, agitée d'un
mouvement spasmodique, sur son sommeil de brute,
qu'une fanfare de trompettes ou une salve d'artil-
lerie n'aurait pas réveillé. Le soleil n'est pas fier, il
caresse tout, jusqu'aux immondices et aux ordures.

Je me souvins en cet instant d'avoir lu, dans le
gros livre qui a remplacé ma Bible, que les singes
aiment le vin comme nous, mais qu'ils en usent
plus modérément : leur arrive-t-il d'en boire avec
excès, on ne les y reprend pas. Un singe américain,
s'étant grisé d'eau-de-vie, ne pouvait plus supporter la vue de la bouteille où il avait bu la joie qui
abrutit ; il s'en écartait avec dégoût. Je crus voir
m'apparaître la face ricaneuse d'un gorille, à qui

l'ivresse de Balthazar le vannier soulevait le cœur. Il disait :

— Pouah ! qui donc ose prétendre que cette brute et moi descendons du même ancêtre ?

Je lui répondis :

— Calme-toi, mon bon cousin, et ne renie pas ton parentage. Faisons-nous des concessions mutuelles ; je suis bien près d'avouer comme un Anglais, qui a beaucoup d'esprit, que ce qu'il y a de pire dans l'homme, ce n'est pas la bête, qu'une raison qui s'oublie est sujette à des hontes que ne connaît pas la raison qui s'ignore ou se cherche.

Je fus tiré de mes réflexions par une voix qui me disait d'un ton de reproche :

— Eh bien, monsieur !

Les voix ont une couleur ; celle de Mlle Louise est blonde, d'un blond clair et très doux comme ses cheveux cendrés. Je relevai la tête. Cette jeune personne souriait, et dans ce sourire qui disait beaucoup de choses, je crus démêler à la fois une grande pitié pour l'ivrogne, un peu de malice moqueuse à l'endroit de Sylvain Berjac, à qui l'on imposait un devoir désagréable, une vraie corvée, et qui demeurait là, les bras ballants, sans avoir l'air de comprendre ce qu'on lui voulait. Apparemment ce monsieur n'aimait pas les besognes qui salissent les mains. Je revins à mon gorille, je lui dis :

— Mon cher, si tu méprises tes cousins, que penses-tu de ta cousine ? Confesse qu'il y a dans son sourire un mystère qui vous dépasse, toi et ta guenon. C'est un genre de fleurs que vous ne connaissez pas et dont la grâce ne fleurit que sur des lèvres de femme.

Elle s'impatientait, et accentuant le reproche :

— Monsieur, je vous prie, qu'allons-nous faire ?

Elle avait dit : « Qu'allons-nous faire ? » Ce *nous* me charma. Nous étant rencontrés, elle et moi, nous avions une affaire commune à régler ensemble, et elle et moi, cela faisait *nous*. Je lui expliquai qui était l'ivrogne, qu'il se nommait Balthazar ; je lui montrai du doigt sa maison à deux ou trois portées de fusil, en lui témoignant mon regret très sincère de ne pouvoir le porter jusque-là : c'était une entreprise au delà de mes forces, nous n'avions rien de mieux à faire que d'aller prévenir sa famille.

— Et pendant ce temps, me dit-elle, nous laisserons là ce pauvre homme couché en travers du chemin ?

Elle avait croisé ses bras sur sa poitrine et me regardait d'un air chagrin. Je lus sur son visage qu'elle avait mieux auguré de moi, qu'elle était déçue dans son attente. Je surmontai ma répugnance, je pris le vannier par la tête et les épaules, en tâchant de ne pas frotter mon habit à sa veste couverte d'immondes souillures, dont l'odeur fétide trahissait l'écœurante origine. Loin de s'aider, ayant recouvré une demi-conscience de lui-même, il protestait par ses balbutiements, par ses hoquets contre le rustre qui attentait à son repos. Mlle Louise se débarrassa de son album de croquis, de sa boîte à crayons ; puis elle saisit de ses fines mains gantées les grosses bottes de l'ivrogne récalcitrant, et, l'instant d'après, nous l'avions étendu sur un vert gazon, au pied d'un arbre, à l'abri des carriers et des chariots. Alors elle me regarda de nouveau, et il me parut qu'elle était contente de moi, et j'étais si con-

tent, moi aussi, que je cherchais des yeux un second
et un troisième ivrogne à transporter ; mais il n'y
en avait qu'un.

Elle avait ramassé ses crayons, ses croquis, et
tout en époussetant ses gants de Suède :

— Maintenant, me dit-elle, allons bien vite jusqu'à cette maison que vous m'avez montrée.

Elle aurait pu m'y envoyer seul ; mais elle était
contente de moi. J'avais droit à une récompense,
elle me l'octroyait et nous partîmes ensemble.
Mme Balthazar nous reçut d'un air aussi pincé que
la fourmi reçut la cigale, nous déclara que son mari
était bien où il était, qu'il fallait l'y laisser, que
cela lui apprendrait à vivre.

— S'il passe la nuit sous son arbre, répliqua vivement Mlle Havenne, et qu'il attrape une fluxion de
poitrine, je ne vois pas trop ce que vous y gagnerez,
vous et lui.

Et comme l'autre persistait à nous rabrouer, elle
se fâcha, et je me fâchai aussi, non que je donnasse
tout à fait tort à Mme Balthazar, mais parce que
c'était *nous* et que Mlle Louise Havenne a des yeux
gris dont je voulais mériter les bonnes grâces, dont
je voulais me faire des amis. Enfin la vieille se ré-
signa ; elle appela ses deux fils, qui mangeaient leur
soupe. Ils dirent : « Eh bien, oui, on ira ; nous avons
bien le temps. » Mais Mlle Louise leur déclara qu'il
fallait aller tout de suite, et, comme elle, je pris un
air impérieux, car je voulais tout faire comme elle.
Enfin les deux manants tirèrent d'une remise une
voiture à bras, se mirent en route, en rechignant,
pendant qu'elle me disait à l'oreille :

— Suivons-les ou ils n'iront pas.

Nous les suivîmes ; dix minutes plus tard, l'ivrogne était hissé dans la voiture à la force du poignet. Comme j'avais la sottise de fouiller dans ma poche pour y chercher machinalement quelques pièces de monnaie blanche :

— Y pensez-vous, monsieur ? murmura-t-elle. On ne donne rien à des fils pour les récompenser de sauver à leur père une fluxion de poitrine.

— Mademoiselle, lui repartis-je, je commence à croire que vous avez toujours raison. Si jamais j'ai quelque embarras de conscience, me permettrez-vous de vous demander conseil ?

Elle ne me répondit pas ; elle me dit seulement :

— Je me sauve. Mon père doit être inquiet.

Elle prenait congé de moi sans cérémonie. Je lui représentai qu'elle n'arriverait pas à Cloville avant la nuit close, qu'on fait quelquefois de mauvaises rencontres, qu'il y a dans le monde plus d'un Balthazar, bref que je n'étais pas pressé de rentrer chez moi et que j'entendais la reconduire chez elle. Je crois que, dans le fond, elle était de mon avis, que cette grande solitude des champs sur la brune l'inquiétait un peu. Elle fit quelques façons, pas beaucoup ; mais j'obtins plus difficilement qu'elle me laissât porter sa boîte. Elle me la refusait, je voulus la prendre, cela donna lieu à une petite contestation pendant laquelle sa main droite demeura quelques instants comme emprisonnée dans la mienne. Je n'en suis pas bien sûr, ma main croit s'en souvenir.

A quelques pas de là, je la félicitai sur la bonne action qu'elle venait de faire.

— Ah ! me dit-elle en souriant, je suis une par-

faite égoïste. Si l'ivrogne était resté au milieu du
chemin, j'aurais pensé aux chariots, et j'aime à bien
dormir.

Après cela, nous en vînmes à parler... de quoi ?
Je ne le sais plus très bien ; mais je sais que sa
voix blonde me plaisait. J'écoutais la musique, je
me souciais peu des paroles. Bientôt nous quittâmes le chemin pour enfiler un sentier où l'on ne
pouvait marcher deux de front. Elle allait devant,
je suivais à deux pas de distance. Elle ne parlait
plus, et je n'avais plus envie qu'elle parlât.

Si raisonnable qu'on soit, on ressent quelque émotion à se trouver aux approches de la nuit, dans un
lieu écarté, seul à seule avec une jeune et jolie personne, et dès lors je tenais pour certain, pour démontré que Mlle Louise Havenne est, dans ses bons
jours, une très jolie personne, que ceux qui en dou-
tent ne s'y connaissent pas. Quelques étoiles s'allu-
maient ; un silence de repos s'étendait sur la campagne. Pas d'autre bruit que le cri sourd des feuilles
mortes que froissaient nos pieds, ou par intervalles
un lointain et mystérieux grondement. Notre invisible voisin l'Océan s'était pris de querelle avec
quelqu'un, et le rugissement de sa colère, le fracas
de sa bataille, apportés par le vent, arrivaient jusqu'à nos oreilles par-dessus la crête des collines
comme un murmure confus, presque doux.

Quoique d'instant en instant la nuit épaissît sa
fumée autour de nous, j'y voyais encore assez pour
distinguer nettement, se profilant sur le ciel, cette
gracieuse silhouette de femme qui cheminait devant
moi, coiffée d'un chapeau rond, la tête bien droite,
ses petits coudes pointus ramenés en arrière. J'ad-

mirais sa démarche, son pas élastique ; je me demandais si les femmes de Paris avaient toutes cette façon de marcher. A la grâce coquette de ses mouvements se mêlait quelque chose de résolu, de volontaire et comme le sentiment d'un empire agréable à exercer. En battant la terre du pied, elle semblait faire acte de commandement et fêter une victoire. Il me semblait qu'elle était faite pour me conduire, que j'étais fait pour la suivre, que je me trouverais bien dans l'endroit inconnu où elle me menait.

Tout à coup un rêve me brouilla délicieusement l'esprit. Je me figurai qu'elle et moi, nous étions mariés de la veille, que nous étant oubliés dans notre promenade du soir, nous avions hâte de rentrer chez nous, que notre dîner nous attendait, fumant sur la table, que nous le mangerions assis en face l'un de l'autre, mais que, pour prendre le café, je ferais asseoir sur mes genoux cette jolie petite femme capable de s'intéresser à un ivrogne et qui avait dans le cœur des trésors de miséricorde, qu'une heureuse aventure me l'avait donnée, qu'elle était à moi, que j'en pouvais faire ce que je voulais.

Je fus brusquement troublé dans ma rêverie par un gros chien qui accourait à notre rencontre, en aboyant tour à tour de joie et de rage. Il se jeta sur Mlle Louise avec des hurlements de tendresse, puis il me montra ses crocs, tâchant de mordre dans mes mollets, et il eût happé le morceau si sa maîtresse ne lui avait dit :

— Paix, mauvais chien ! Que je vous y prenne !

Se tournant vers moi d'un air grave et digne :

— Puisque vous êtes venu si loin, monsieur, suivez-moi jusqu'au bout, je vous présenterai à mon père.

Le chien et le père gâtaient tout, mon beau songe s'envola. Nous arrivâmes, on finit toujours par arriver, et on regrette quelquefois de n'être pas demeuré en chemin. Une vieille servante, munie d'une lanterne, nous apprit avec de grands gestes que M. Havenne, fort inquiet de ne pas voir rentrer sa fille, était parti à sa recherche. Mais au même instant il parut, soufflant comme un bœuf. A peine nous eut-il aperçus, il se précipita sur nous, et je crus qu'il allait manger Mlle Louise, dont il tordait les poignets dans ses grosses mains en fureur. Les gens qui se piquent d'être supérieurs aux émotions se fâchent tout rouge quand on leur en procure.

— Qu'est-ce donc ? criait-il. Qu'as-tu fait ? Mais qu'est-il arrivé, Louise ? Qu'es-tu devenue ?

Il n'entendait pas les réponses, la colère lui bouchait les oreilles. En vain elle essayait de lui narrer son histoire, l'ivrogne, la femme de l'ivrogne, les carriers, et de lui présenter Sylvain Berjac, qui ne savait trop quelle contenance faire. Il s'écriait de plus belle :

— Mais parle donc, qu'est-il arrivé ?

Il ajouta :

— Qui êtes-vous, monsieur ?

Ses énormes sourcils, éclairés par la lanterne, semblaient des buissons ardents, et ses yeux lançaient la foudre sur le malfaiteur qui lui ramenait sa fille, après avoir sans doute projeté de la lui prendre. Je m'empressai de tirer ma révérence à ce brutal et de redescendre le sentier au pas de course, sans que personne s'avisât de me retenir.

J'éprouvais un vif dépit de ma mésaventure ; j'en voulais à Mlle Havenne de m'avoir exposé à cette ridicule algarade. Bientôt je m'en pris à moi-même, à ma chienne d'imagination, qui allait, trottant, galopant, sans savoir où ; je maudissais les songes ineptes qu'elle avait un instant caressés, la folie d'un homme qui, à peine échappé du naufrage, avait pu rêver de reprendre la mer sans penser aux récifs et aux requins. « L'aimable beau-père que j'aurais là ! me disais-je. Et quant à elle... Eh ! oui, elle a de jolis yeux, une voix et un teint de blonde, le cœur doux et charitable. Cela prouve-t-il que l'homme assez heureux pour posséder sa gentille personne serait à l'abri de tout accident ? On peut s'attendrir sur Balthazar et avoir un petit cousin. »

Et tout en pestant contre mon extravagance, j'arrivai à Mon-Cep. Mon dîner, qui avait trop attendu, sentait le réchauffé. Je le mangeai pourtant de grand appétit, et je pris mon café sans me plaindre de n'avoir pas une femme à faire asseoir sur mes genoux. O ma chère liberté, tu es le bonheur ! Si jamais je te perds, si jamais je renonce aux douceurs de ta reposante compagnie et aux voluptés amères de la solitude, quoi qu'il puisse m'arriver, j'aurai mérité mon sort et mes accidents.

XVII

SANS avoir l'air d'y toucher, Francine est au fait
de tous les propos qui circulent dans le pays. On
ne peut pas entonner toujours les cantiques de Sion
ni passer toute sa vie au sommet du mont Thabor
ou dans le séjour des bienheureux. On reprend terre
quelquefois, on revient clandestinement en Saintonge, on s'assied sur le pas de sa porte, on ques-
tionne les passants, on jase, on commère. Elle me
disait tantôt qu'on tient généralement M. Havenne
pour un homme de bon conseil et de bon secours,
dont la parole vaut de l'or. Mais on l'accuse de
refuser sa porte à tout visiteur qui n'est pas vêtu
d'un bourgeron, parce qu'il veut garder Mlle Louise
pour lui et qu'il n'entend pas qu'on la lui prenne.

Cela explique la rebuffade qu'il m'a faite hier
soir. Il m'a trouvé sans doute la figure d'un pré-
tendant, d'un larron de filles. Calmez-vous, mon
bon monsieur ; vous pouvez dormir sur vos deux
grandes oreilles, on n'en veut pas à votre bien.

C'est égal, un homme sans fortune, qui sacrifie
sa fille à ses jalousies de père, est un assez vilain
égoïste. Tu ne vivras pas toujours, grand chercheur
de petites plantes ; après toi, que deviendra-t-elle ?

XVIII

BABYLONE l'adorait sous le nom de Mylitta, la Phé-
nicie sous le vocable d'Aschera-Astarté. Elle s'appelait Anaït en Cappadoce, Omphale en Lydie, Amma
chez les Phrygiens, Derketo chez les Philistins, et,
malgré les interdictions de leurs prophètes, malgré
les menaces de Jéhovah, le Dieu jaloux, les Israé-
lites la servirent durant des siècles sur les hautes
collines, dans les bocages, à l'ombre des arbres toujours verts. Les Grecs, le plus jeune des peuples,
en firent leur Aphrodite, la réduisant au rôle de
mère des grâces et des jeux, et, à leur exemple,
Rome ne vit dans sa Vénus que la déesse de la
beauté. Les Grecs possédaient l'art d'apprivoiser les
dieux ; ils empruntaient à l'Orient ses divinités les
plus augustes et les plus terribles, et ils chargeaient
leurs poètes de les domestiquer, de leur limer les
dents et les griffes, de leur apprendre à rire, afin
que les petits enfants pussent les mener en laisse et
jouer tranquillement avec elles, toutes les privautés
étant permises avec un dieu qui sait rire.

De quelque nom qu'elle s'appelle, Mylitta, que
tous les peuples ont connue et que les bêtes adorent
sans la nommer, est la grande mère, l'éternelle nourrice, qui préside aux enfantements et favorise les

naissances. A Éphèse, sa statue la représentait les mains ouvertes comme des mains qui donnent, la poitrine chargée d'innombrables mamelles gonflées d'un lait céleste. C'est elle qui fertilise les seins et les semences, qui permet aux entrailles des femmes de devenir fécondes et de faire durer l'univers, qu'a produit un caprice, qu'un caprice pourrait détruire. Baal, comme Jéhovah, est jaloux de ses créatures qui le mettent à l'étroit ; il s'indigne par instants que quelque chose existe à côté de lui et lui dispute l'air qu'il respire, et il lui prend comme une démangeaison d'anéantir son ouvrage, de tout ramener à l'antique chaos. O Mylitta ! c'est toi qui retiens le bras de Baal prêt à frapper.

Le Dieu qui détruit est né du feu dévorant ; Mylitta est sortie du sein des eaux fécondantes, elle a pour symbole le marais à l'onde grasse et paresseuse, à la verte chevelure. Quand elle s'appelle Dalila, elle dompte l'orgueil de Samson ; lorsqu'elle se nomme Omphale, elle soumet à son empire les plus fiers lions, les contraint de s'asseoir à ses pieds, déguisés en femmes, et de filer sa quenouille. Mais cette divinité bienfaisante est sujette à de brusques retours. Elle avait longtemps résisté à l'audacieux qui l'a rendue mère, il dut recourir à la force pour dénouer sa ceinture, et s'étant donnée à regret, elle n'admet pas que personne refuse de se donner. Lui manque-t-on d'obéissance, elle reprend sa première forme, elle redevient la vierge guerrière, déchaînant sur les nations ingrates les fléaux qui tuent. Elle avait à Pédase une prêtresse qui, à la veille d'une catastrophe, prenait subitement de la barbe, signe certain que la déesse irritée était lasse d'enfanter, lasse de nourrir, et les peuples en étaient réduits à attendrir ses refus par des sacrifices de larmes et de sang.

Mylitta, la grande déesse, autorisait tous les êtres vivants à vivre et à jouir, elle leur intimait la défense de rien posséder en propre. S'approprier ce que les dieux ont créé, c'est entreprendre sur leurs droits, c'est usurper leur bien, c'est un crime d'orgueil ou de folie. Tant que Mylitta gouverna les hommes, qui n'avaient pas encore eu la sotte pensée de se distinguer des animaux, aucun n'osa dire : « Ceci est à moi. » Comme chez les bêtes, l'usufruit appartenait à tout le monde, la propriété n'était à personne. On vivait dans l'indivision, les femmes elles-mêmes étaient le bien commun de la tribu. Quiconque essayait d'en garder une pour lui, refusant d'en faire part à son prochain, passait pour un malhonnête homme et encourait les rigueurs de la loi, s'étant rendu coupable de détournement, de larcin et de dol envers la communauté.

« Et c'était la vraie justice, et c'était le vrai bonheur, s'écrie à ce sujet sir John Almond, car l'homme n'atteint jamais au bonheur qu'en se conformant au droit naturel que lui enseignent les bêtes. Mais un jour, sentant sa force et croyant à sa raison, il s'insurgea contre sa vraie destinée. On vit paraître d'audacieux révolutionnaires, qui inventèrent la propriété et le mariage, et je maudirais leur nom si je les connaissais. » Sir John ajoute : « Alors pour la première fois, Petrucchio put dire à Catherine : « Je « veux être le maître de ce qui m'appartient ; tu « es ma chose, ma maison, mon ameublement, ma « grange, mon cheval, mon bœuf, mon âne et mon

« tout. » Mais alors aussi d'autres Petrucchio ont
pu dire à d'autres Catherines : « Vous êtes ma ser-
« vitude, ma chaîne, ma prison, mon fléau, ma ca-
« lamité et l'éternel supplice de ma misérable exis-
« tence. »

En s'exprimant ainsi, sir John pensait évidemment à lady Almond, qui est une femme difficile à
vivre, acariâtre, insupportable. Le pauvre homme,
ayant demandé son divorce et n'ayant pu l'obtenir,
n'avait rien trouvé, rien de mieux que de mettre
entre sa calamité et lui toute la largeur de la terre.

Depuis que je connais plus exactement son malheur, il m'est devenu plus sympathique. Mais sa
théorie du droit naturel, telle qu'il l'expose dans un
opuscule inédit, que Théodule a traduit en français,
bouleverse toutes mes idées. Je croyais la famille
vieille comme le monde et que les premiers hommes
avaient vécu patriarcalement, comme Abraham,
Isaac et Jacob. Faut-il donc croire que les premières sociétés humaines ne furent que des parca-
ges de troupeaux, que, biens et femmes, on possédait tout en commun et que les enfants ignoraient
leur père ? Sir John me trouble par son érudition ;
il a tout lu, il cite Hérodote, Strabon, tous les historiens anciens, qui certifient que les Massagètes,
les Agathyrses, les Ausiens, bien d'autres peuples
encore, dont je n'avais jamais ouï parler, vivaient
dans la promiscuité. Sir John cite aussi des savants
modernes et d'illustres voyageurs qui ont retrouvé
en plus d'un endroit les traces encore subsistantes
du communisme des premiers âges.

L'un d'eux prétend que le mariage, cette institution révolutionnaire, a son origine dans la coutume

qu'ont les gouvernements de récompenser par des
faveurs le zèle intéressé de leurs féaux, que tel guer-
rier, pour s'être distingué dans une expédition, fut
autorisé par son chef à se réserver la possession de
la belle étrangère qu'il avait capturée. C'est aussi
l'opinion de sir John Almond ; il voit dans le mariage par capture la source funeste du sacrement
qu'il déteste du plus profond de son âme anglaise.
Il dit à ce propos :

« Fatale fut l'imprudence des tribus qui décernè-
rent une prime d'encouragement à leurs Achilles,
en leur permettant de garder Briséis pour eux ; chacun voulut avoir la sienne. Le mariage, qui ne fut
d'abord qu'un privilège de tolérance, entra dans les
mœurs, dans le droit commun, et les lois, après
avoir garanti la communauté contre les prétentions
égoïstes des individus, protégèrent l'égoïsme contre
les justes réclamations de la communauté. Elles
accordèrent à chacun la faculté de faire son pot à
part et lui interdirent de toucher au pot des autres.
De ce jour, le monde se corrompit, se gâta. L'homme
n'avait connu jusqu'alors que les besoins naturels,
qui sont toujours modérés, il apprit à connaître l'a-
mour intempérant et fatal du fruit défendu, car les
curiosités comme les désirs s'irritent par la défense,
l'imagination s'exalte, s'affole : derrière toute porte
fermée elle rêve un paradis. De ce jour également,
le cœur de cet animal perverti fut en proie à une
maladie jusqu'alors ignorée, au plus méchant virus
qui ait jamais empoisonné notre sang. O jalousie !
tu es à la fois la plus inutile de nos passions et celle
qui fait le plus souffrir ! »

Cette douloureuse exclamation témoigne assez

qu'avant de prendre en horreur lady Almond, sir John l'avait beaucoup aimée. Mais il appartient, ce me semble, aux vrais philosophes de rester toujours maîtres de leurs passions, et ils ne devraient jamais penser à leur femme quand ils dissertent sur le droit naturel. J'ai lu, je ne sais où, que dès qu'une femme entre pour quelque chose dans un raisonnement, toutes les idées se brouillent.

Cependant, que faisait Mylitta, la grande déesse ? Où avait-elle l'esprit ? Était-elle absente des choses de la terre, en voyage, ou endormie dans quelque étoile perdue ? Un geste, un regard lui aurait suffi pour anéantir les impies novateurs qui dérogeaient à sa loi et apprenaient la désobéissance à ses peuples. Mylitta s'est laissé tromper, abuser par l'homme, qui, ainsi que l'enseigne sir John après le docteur Hervier, est le plus artificieux, le plus rusé des animaux. On n'avait garde de la braver, on l'entourait d'hommages, on la courtisait, on la fêtait d'autant plus qu'on était plus infidèle à ses préceptes. Les peuples n'ignoraient pas que l'institution du mariage était une entreprise criminelle, un audacieux attentat à la loi divine ; mais ils savaient aussi que les dieux sont sensibles aux flatteries, que lorsqu'on sait les prendre, leur chatouiller l'âme et les oreilles, ils deviennent accommodants et se contentent de peu. De graves historiens attestent qu'en Libye, chez les Nasamons, les nouvelles mariées, durant toute la nuit de leurs noces et jusqu'à ce que le coq eût chanté, appartenaient à tout le monde : c'était la médiocre rançon qu'elles payaient à Mylitta. Les Babyloniennes, comme le racontent Hérodote et Strabon, étaient astreintes à l'obligation de se don-

ner à un étranger une fois dans leur vie. Cela se
passait dans le temple de la déesse. Les femmes de
grande naissance s'y rendaient en voiture et en
grand appareil ; les petites bourgeoises arrivaient
humblement à pied, s'asseyaient sur un gradin, une
corde nouée autour de la tête, en signe de servitude
temporaire. Des couloirs avaient été ménagés dans
la foule ; les étrangers y circulaient à leur aise, promenant de toutes parts leurs yeux et leur convoitise. Quand ils avaient arrêté leur choix, ils jetaient
quelques pièces d'argent ou d'or à celle qui leur
agréait en lui disant : « J'invoque contre toi la déesse
Mylitta ! » Et elle suivait docilement l'homme qui
l'appelait, après quoi elle retournait d'un air modeste dans la maison de son mari. « De ce jour,
ajoute Hérodote, quelque somme qu'il te plût de lui
offrir, elle ne t'accorderait rien. » Elle était quitte,
elle s'était donnée comme jadis Mylitta se donna ;
elle avait payé sa dîme, racheté par son sacrifice le
péché du mariage, obtenu du ciel le pardon de sa
pudeur et le droit d'être chaste jusqu'à la fin de
ses jours.

A mesure que les cœurs se resserraient, que le
goût de la propriété dégénérait en fureur, que la
famille se retranchait plus étroitement dans son
égoïsme jaloux et farouche, de tels sacrifices sem-
blèrent trop durs. Une classe spéciale de femmes,
libres de tout autre engagement que les vœux d'im-
pudicité qu'elles prononçaient en entrant au service
de Mylitta, fut chargée de s'acquitter pour tout le
monde. Ces hiérodules, ces courtisanes sacrées, ha-
bitaient le temple de la déesse, seul asile du droit
naturel ; à Comana, on en comptait six mille, et les

femmes mariées se trouvèrent ainsi affranchies de tout tribut.

« Les Grecs y mirent encore moins de façons, continue sir John Almond. Ces casuistes très experts, dont la conscience se tirait de tous les pas difficiles par d'ingénieux stratagèmes, eurent bientôt fait d'inventer de nouveaux dieux qui étaient dans le mouvement et qui leur commandaient de désobéir aux anciens. Ils se fabriquèrent un Olympe tout neuf, ils détrônèrent les vieux rois légitimes du ciel, les remplaçant par une branche cadette qui avait juré fidélité à la révolution et promis de s'assujettir en toute chose aux convenances des peuples. Mylitta se plaignait-elle qu'on abandonnât ses rites et sa loi, ces mauvais plaisants lui répondaient qu'ils étaient désolés de lui manquer de respect, qu'elle devait s'en prendre à leurs nouveaux maîtres, que telle de leurs divinités ordonnait à leurs filles de rester pures, que telle autre considérait la fidélité conjugale comme la première des vertus ; telle autre encore, déesse couronnée d'épis, n'avait de goût que pour les héritages bien fermés et enjoignait sous les peines les plus sévères d'entretenir avec soin les bornes des champs, la clôture des jardins. Déchue de ses honneurs, Mylitta passa au rang de divinité subalterne et interlope, de céleste aventurière ; on la réduisit à la portion congrue, les grasses victimes n'étaient pas pour elle ; quand on lui offrait une couple de maigres colombes, elle devait s'en tenir satisfaite. Avait-on besoin de son secours dans quelque urgente nécessité, on l'amusait par de vaines fictions, par de fallacieuses promesses. Les habitants de la Locride épizéphyrienne avaient placé leur cité

sous son invocation. Vivement pressés par les armes
de leur cruel ennemi, le tyran de Rhegium, ils firent
vœu que si leur bonne patronne les assistait dans
leur détresse, ils lui consacreraient leurs filles pour
qu'elle en disposât à son plaisir. Ce ne fut qu'une
singerie. Au jour de l'échéance, les magistrats, ayant
convoqué toute la jeunesse masculine, obtinrent
qu'elle s'engageât sous la foi du serment à s'abste-
nir du fruit défendu, et, une fois de plus, Mylitta-
Aphrodite-Vénus fut honteusement mystifiée par
les hommes.

« Ivres d'orgueil, poursuit sir John, les peuples
s'applaudissaient de leur triomphe sur les dieux de
leurs pères, sur l'antique superstition. Cependant
ils rentraient quelquefois en eux-mêmes ; assaillis
de vagues remords, de ces inquiétudes d'esprit qui
accompagnent les entreprises outrageuses et sont le
châtiment des grandes infidélités, ils se prenaient à
douter de leur bonheur, où ils se sentaient à l'étroit,
et ils regardaient les bêtes avec envie. Au fond de
leur cœur dormait le confus souvenir d'un âge d'or,
qu'avaient connu leurs premiers ancêtres. Dans ces
temps bénis, tout appartenait à tous ; les jardins
n'avaient pas de clôtures, les champs n'avaient pas
de bornes ; l'assistance mutuelle pourvoyait à tous
les besoins ; point de maîtres ni de serviteurs, point
de riches ni de pauvres ; chacun avait le nécessaire,
et, libre de toutes les passions qui rongent, on vivait
dans l'innocence, au jour le jour, aussi heureux que
peut l'être dans sa forêt une peuplade de singes,
occupée de subsister et de jouir, insouciante du vain
et triste honneur de posséder. Les peuples se souve-
naient, et, chaque année, à Athènes comme à Rome,

on s'essayait pendant quelques jours à faire revivre des temps à jamais disparus. Cela s'appelaient les jeux floraux, les fêtes phalliques de Bacchus. La cité, prisonnière morose des lois de convention, sortait brusquement de son cachot pour respirer durant quelques heures l'air libre des premiers âges. Partout régnait la plus bruyante allégresse, on se plongeait avec délices dans une licence effrénée. On se promenait vêtu de peaux de bête, remémorant ainsi des origines depuis longtemps reniées et des liens de parenté dont on regrettait de s'être affranchi. L'esclave traitait avec son maître d'égal à égal. Plus de défenses, plus d'interdictions, plus de police des rues. Toutes les privautés étaient permises envers les femmes qu'on rencontrait ; on leur rappelait sans autre façon qu'elles appartenaient à tout le monde et que le mariage est le plus monstrueux des abus.

« Hélas ! après le carnaval, le carême. La loi reprenait sa place, son orgueil et son tyrannique empire ; le prisonnier réintégrait sa prison. Les hommes recommençaient à vivre sous le régime du tien et du mien, de la tienne et de la mienne. Le législateur leur avait persuadé qu'ainsi le voulaient les nouveaux dieux, que c'était dans l'ordre, tandis que la bête qui est au fond de chacun de nous et qui est, à vrai dire, la meilleure partie de nous-mêmes, leur criait vainement que cet ordre prétendu n'est qu'un affreux désordre... »

A cet endroit de son discours, sir John s'interrompt brusquement. Après quelques lignes de petits points, il s'écrie en forme de conclusion :

« Maris trompés, ne vous plaignez pas de votre

sort ; votre femme a revendiqué contre vous les antiques traditions du droit naturel. Non, ne vous plaignez pas : Mylitta a vengé sur vous sa vieille injure et ses autels abolis ! »

En me mettant à table, je restituai à Théodule, qui ne tremble plus la fièvre, sa traduction du petit traité inédit de sir John. Il m'avoua qu'il avait cherché inutilement à Bordeaux un éditeur assez aimable pour consentir à la publier, et il m'insinua que je ferais une bonne œuvre en me chargeant des frais d'impression. J'accueillis avec froideur son ouverture.

— A quoi bon ? lui dis-je.

Il se piqua et me répondit :

— Ce serait tout au moins une lecture à recommander à toute la race des maris peu philosophes, qui font beaucoup de bruit pour peu de chose.

Sur la fin du dîner, pendant lequel il but plus copieusement que d'habitude, il porta un toast à sainte Mylitta, et il voulut obliger Francine à trinquer avec lui. Francine, qui ne peut le souffrir, lui répliqua sèchement qu'elle était protestante, que les protestants ne fêtent pas les saints, qu'au surplus elle n'avait pas l'usage de boire à la santé des gens qu'elle ne connaissait pas.

XIX

Ce matin, en ouvrant ma fenêtre, j'ai respiré le printemps à pleins poumons. Depuis plusieurs semaines les hirondelles sont revenues ; les arbres hâtifs sont en pleine sève, tout bourgeonne, tout reverdit, et, comme le cri des hirondelles, les cerisiers fleuris annoncent à l'univers que les dieux jaloux ont leurs jours de clémence, qu'ils ne regrettent point d'avoir créé, qu'aucune catastrophe ne nous menace, que la barbe ne pousse pas encore au menton de la prêtresse de Pédase, que la grande charte ne sera révoquée ni aujourd'hui, ni demain, que bêtes et hommes, toutes les espèces continueront de vivre, que le ciel leur concède un nouvel abonnement à l'existence... O Mylitta ! tu oublies l'affront fait à tes autels, nous trouvons grâce devant toi. Le pardon de Mylitta, c'est le printemps.

Je disais tantôt à Francine, qui épluchait sa salade, que la nouvelle saison m'avait toujours paru difficile à passer, que je ne me sentais pas à mon aise, que j'éprouvais une langueur de fatigue et d'ennui. Elle ne s'arrête jamais à ce qu'on lui dit, elle va plus loin.

— Monsieur ! me répondit-elle, il n'est pas bon à l'homme d'être seul.

— Y penses-tu, ma bonne vieille ? Tu veux donc me remarier ? J'ai bu, je ne boirai plus.

Elle a toujours sa Bible dans l'esprit et à la bouche.

— La femme adultère, reprit-elle, mange et s'essuie les lèvres ; puis elle dit : « Je n'ai point commis de mal ! » Mais il y a encore dans le monde des filles honnêtes...

— Celles que je pourrais épouser dans ce pays ne te conviendraient point ; presque toutes sont catholiques.

— Qu'importe, si elles sont de la religion des braves gens ? Les deux fils d'Élimélec épousèrent des Moabites, Horpa et Ruth, et celui qui épousa Ruth eut toujours le cœur en joie ; son seul chagrin fut de mourir tout jeune... Madame votre mère, poursuivit-elle, avait coutume de dire que « l'homme qui ne se marie pas, le diable le tente ».

Je n'essayai pas de lui faire comprendre que le mariage est une institution révolutionnaire, que le droit naturel autorise à jouir, interdit de posséder, que sir John Almond l'a déclaré, et que sir John ne se trompe jamais, sans compter qu'il a pour lui Hérodote, Strabon et d'autres grands hommes. Je me contentai de lui dire :

— Francine, sais-tu quelle est cette sainte à la santé de qui tu as refusé de boire ?

Elle étendit en croix ses deux bras sur son saladier et me dit :

— Qui donc l'a inventée, celle-là ?

— Ma bonne fille, elle est vieille comme le monde : c'est la sainte qui envoie les tentations.

— Aussi n'ai-je pas bu, me répondit-elle en s'applaudissant de sa perspicacité.

Et elle se remit à éplucher sa salade.

C'est un fait exprès, je ne peux plus sortir sans rencontrer près de ma grille Mlle Zoé, qui, sa journée faite, rentre chez ses parents. Chaque fois, elle me jette un regard en coulisse. Je ne désarme pas ; la sévérité de mon sourcil la démonte, lui fait baisser les yeux, et elle passe son chemin en me gratifiant d'un petit salut confit en modestie.

Il faudra que je change mes heures de promenade. Cependant le sage d'Albion l'a dit : « Celui qui va chercher la rose au fond d'un précipice est un fou ; celui qui l'a sous la main et ne la cueille pas ne sera jamais qu'un benêt. »

XX

Est-ce l'effet d'une griserie de printemps ? ou Mylitta m'a-t-elle jeté un charme ?

Aujourd'hui dimanche, j'étais sorti de bonne heure pour donner un coup d'œil à mes vignes. Au retour, j'ai pris le plus long. Le sentier que j'enfilai traverse un taillis de chênes et me conduisit près d'une mare, en forme de cuvette, qu'on appelle la « Mare-aux-Têtards ». Alimentée par des sources secrètes, les saisons les plus sèches ne la tarissent jamais. Je m'adossai contre un arbre, je regardai quelques instants cette eau noire, assez profonde, tachetée par endroits de larges plaques vertes. Un fouillis d'herbes l'enveloppait de tous côtés ; la marjolaine, le souchet s'y mêlaient aux joncs et aux glaïeuls. Je croyais entendre dans ce fouillis des bruissements, des remuements étranges ; il s'y passait beaucoup de choses : il y avait là des mourants qui ne voulaient pas mourir, des existences usées, qui demandaient un répit, et de jeunes vies toutes fraîches, impatientes de les remplacer. Le printemps vaquait à son ouvrage ; il employait toutes les dépouilles à engraisser la terre et fabriquait du neuf avec du vieux. Le limon gras fermentait, exhalait à la fois une odeur de pourriture fécondante et de

semences, de germes en travail. On devinait sous
les épaisseurs de verdure qui le cachaient un grouil-
lement d'êtres rampants ou ailés, éclos d'hier, qui,
encore empêchés dans leurs mouvements, connais-
saient déjà les inquiétudes amoureuses et dont la
curiosité agitée s'en allait avec effort de place en
place, furetant partout des nouvelles. D'autres, plus
avancés en âge comme en science, se livraient à
d'ardentes poursuites, sachant bien ce qu'ils cherchaient, certains de le trouver, d'être initiés avant
la fin du jour aux délices du grand mystère.

La « Mare-aux-Têtards », où je me souviens d'a-
voir pêché des grenouilles dans mon enfance, m'a-
vait toujours paru laide ; ce matin, pour la première
fois, je la trouvai belle. Tout semble beau quand
l'imagination s'en mêle, et, depuis quelques jours,
la mienne ne me laisse pas en repos. Je crois vraiment que sir John m'a dérangé l'esprit avec son
opuscule. Ne m'avisai-je pas de regarder avec une
attention stupide des bulles d'air qui s'élevaient,
une à une, du fond de l'eau et venaient crever à la
surface ? Je me demandai quel être extraordinaire
habitait, respirait dans cette bourbe. Il me revint
à l'esprit que les marais et les mares sont le séjour
favori de Mylitta, et je lui dis à demi-voix :

— Es-tu là ?

Un éclat de rire me répondit et me fit tressaillir ;
mais ce n'était pas le rire d'une déesse. En tournant la tête, j'aperçus à quelque cent pas de moi
Mlle Zoé Gabelin qui, revenant de la messe, s'en
allait chez sa tante. Elle aussi avait pris le plus
long. Elle n'était pas seule, et le beau garçon qui
l'accompagnait, le chapeau sur l'oreille, une fleur

de narcisse à sa boutonnière, le nez au vent, ne s'appelait pas Joseph Loubil. Il se nomme Richard ; l'abbé Poncel me l'a signalé comme un grand croqueur de poulettes, vrai don Juan de village. De là je conclus que Mlle Zoé avait au moins deux galants : l'un qu'elle recevait à la grille, l'autre qui l'aide à traverser les taillis. On affirme que la femelle du *Smynthurus luteus* ne reçoit jamais à la fois les hommages de deux de ses mâles. Dieu bénisse les imaginations engourdies !

On jasait, on plaisantait, on riait. Mais Richard eut trop d'audace, il essaya de prendre sa belle par la taille ; elle le repoussa vivement, je dois lui rendre le témoignage qu'elle le menaça d'un soufflet. Je sortis de derrière mon chêne. Tous deux m'aperçurent : l'un battit en retraite, l'autre poursuivit sa marche, et, en atteignant la lisière du bois, elle me trouva juste au bout de son sentier, lui barrant le passage. Elle s'arrêta court ; nous restions là sans parler, face à face, nez à nez. Elle semblait fort marrie de son aventure et de cette fâcheuse rencontre. Elle se doutait que l'homme terrible, l'homme massacrant, l'inexorable moraliste, avait tout vu. La tête sur sa poitrine, l'œil morne, les mains croisées comme pour une muette prière, elle attendait avec résignation ma mercuriale et mon sermon, comme on peut attendre une averse quand on n'a pas de parapluie.

L'orage ne crevait pas. Surprise de mon silence, elle releva la tête, affronta les regards de son juge ; son étonnement redoubla. Je n'avais l'air ni grondeur, ni farouche, ni puritain. Le visage que je lui montrai lui parut tout nouveau, et la curiosité remplaça la frayeur. Elle essaya de sourire pour voir comment cela serait pris. O miracle ! comme elle, l'homme terrible avait un demi-sourire sur les lèvres. Elle n'en revenait pas, elle n'y comprenait plus rien.

— Mademoiselle Zoé, lui dis-je enfin, j'ai fait la nuit dernière un singulier rêve ; mais, en y repensant, je le trouve encore plus joli que singulier... J'ai rêvé que j'étais seul un soir dans mon petit salon du rez-de-chaussée. Je m'ennuyais beaucoup, je me disais : « Dieu ! que les heures sont longues !... » Tout à coup ma porte s'est ouverte, quelqu'un est entré : c'était vous. Je vous ai fait asseoir, et nous nous sommes mis à causer, vous et moi, comme une paire de bons amis... Malheureusement, un maudit coq m'a réveillé, et c'est vraiment dommage !

— Grand dommage ! répondit-elle d'un ton demi-grave, demi-plaisant.

Elle se tenait sur la réserve. Mon discours lui semblait si extraordinaire qu'elle ne savait qu'en penser et me soupçonnait de lui tendre un piège. Quand les moineaux viennent à découvrir que l'homme terrible qui défendait une chènevière contre leurs approches pourrait bien n'être qu'un épouvantail, ils ont un reste de défiance, et ils sont quelque temps encore modestes et circonspects.

— Grand dommage ! repris-je, mais c'est un dommage qui peut se réparer, et les rêves ne sont pas toujours menteurs. Je me suis laissé dire que le dimanche vous allez voir votre tante et ne rentrez à la ferme qu'entre huit et neuf heures, quand tout le monde dort. Ce soir, je serai seul dans mon salon. Il se trouve que l'ami qui loge chez moi est absent ;

il est allé passer deux jours à Bordeaux. Voyez comme cela se rencontre ! Avant de rentrer chez vous, vous viendrez causer un instant avec moi ; j'ai beaucoup de choses à vous dire, et ce sera aussi joli que dans mon rêve.

Cette fois, tous ses doutes étaient levés, sa conviction était faite : non seulement elle avait humanisé, apprivoisé son juge, elle l'avait rendu amoureux, il lui proposait un rendez-vous. Quel succès ! Son visage s'était épanoui ; elle jouait de la prunelle, et l'orgueil de sa victoire gonflait ses jolies narines roses.

— Y pensez-vous, monsieur ? Qu'en dirait-on ?

— Personne n'en dira rien, par la raison que personne n'en saura rien. Quand elle n'a rien à faire, ma vieille Francine se couche comme les poules, il faut crier à pleine tête pour la réveiller ; nous ne crierons pas.

Elle me jeta un regard ironique et superbe. Elle ne voyait plus en moi l'imposant propriétaire de Mon-Cep, mais un humble adorateur de sa beauté, et c'en était fait de mon prestige. Sans doute, je n'étais pas le premier venu ; elle était fière de sa nouvelle conquête, mais ne l'effrayant plus, j'avais perdu tout droit à sa déférence. Elle ne respecte que ce qui lui fait peur.

— Croyez-vous donc, monsieur, me dit-elle en tortillant entre ses doigts une herbe qu'elle venait de cueillir, croyez-vous par hasard que je sois fille à m'en aller le soir, comme cela, causer avec un monsieur dans sa chambre ?

— Apparemment vous n'aimez à causer qu'en plein air... Eh ! nous savons de vos nouvelles, ma belle enfant. Je vous ai surprise un soir à ma grille, et vous n'étiez pas seule.

— Je ne sais pas ce que vous voulez dire, répliqua-t-elle avec hauteur.

Elle faisait mine de s'en aller ; je la retins par le bras :

— Mademoiselle Zoé, ne vous êtes-vous jamais aperçue qu'une de vos pantoufles vous manquait, une charmante petite pantoufle, ornée d'une bouffette rose ?

Elle rougit et n'en fut que plus charmante :

— C'est vous, monsieur, qui me l'avez prise ?

— Dites plutôt que je l'ai trouvée... Quand on rôde la nuit dans mon jardin, on a des alertes, des paniques, on s'enfuit à toutes jambes, on perd ses pantoufles, je les ramasse et les conserve précieusement dans mes armoires.

— Et vous les rendez ?

— Oui, quand on vient les chercher... Viendrez-vous chercher la vôtre ? A votre place, je tiendrais à la ravoir. C'est une pièce de conviction, cette pantoufle, et si je la montrais !... La jalousie rend les hommes méchants... Viendrez-vous ?

Elle me fit la même réponse qu'elle avait faite à Joseph Loubil :

— Je viendrai peut-être, mais il faut que vous me promettiez d'être très sage.

Elle attachait sur moi ses grands yeux d'un bleu sombre qui fouillaient hardiment dans les miens. L'audace de son regard me grisa, je ne pus résister à la tentation de couler mon bras autour de sa taille et de caresser du bout de mes lèvres deux joues rondes et fraîches, qui semblaient s'offrir. Elle se

dégagea, mais sans colère, sans me menacer d'un
soufflet. Reculant de quelques pas, elle me regarda
de nouveau, et ses yeux disaient : « Que j'étais
sotte ! Je l'avais pris pour un homme comme il n'y
en a point, et c'est un homme comme les autres, et
tous les hommes sont faits de la même pâte, coulés
dans le même moule, et tous, jusqu'au dernier, sont
amoureux de Mlle Chiffe. »

Puis elle partit, se donnant des grâces, piaffant,
la tête haute et haut le pied. Avant de disparaître,
elle se retourna pour me lancer un sourire où écla-
tait la vanité, le triomphe, la gloire d'une femme
qui a conquis son ennemi.

Viendra-t-elle chercher sa pantoufle ? J'en doute ;
elle voudra se faire désirer. Mais je veux qu'elle
vienne, et puisque me voilà embarqué dans cette
aventure... Il ne faut jamais faire les choses à demi.
J'irai l'attendre, guetter son retour, et de gré ou
de force... Le feu est aux étoupes. Je veux que tu
viennes ; tu viendras... Je ne me suis jamais amusé
dans ma vie ; il faut pourtant que j'en tâte !

XXI

Il est survenu un incident qui contrecarre mes projets, qui me jette dans de cruelles perplexités d'esprit. Je n'ai pas de chance, je n'en ai jamais eu ; quoi que j'entreprenne, il y a toujours un accroc.

J'avais ouvert un livre pour tromper mon impatience, ma fièvre ; mais je ne lisais pas, je faisais semblant de lire. Mes yeux, mon attention glissaient sur le papier, rien ne les fixait. Mon esprit était ailleurs. Tantôt il trottait dans un taillis de chênes, tantôt il s'amusait à régler le cérémonial de la petite fête que je me suis préparée pour ce soir, et je me disais : « Ce qu'il y a de mieux en ce monde, ce sont les bonheurs faciles qui viennent quand on les appelle ; je suis bien dégoûté des autres, je les laisse à qui veut prendre la peine de courir après eux. Ma vie est triste, ma vie est fade, ma vie manque de grâce et de sel ; il y faut un peu d'assaisonnement... Cette belle fille me plaît ; elle m'est entrée dans la chair et dans le sang. Je l'assoirai dans ce fauteuil ; je serai assis en face d'elle. Je lui dirai ceci, elle me répondra cela, et, peu à peu, l'entretien s'animant, s'échauffant... Sans doute, elle fera une belle défense, mais nous finirons bien par nous mettre d'accord, et puis... »

Et puis, Francine vint m'annoncer que Mme Gabelin était à ma porte, demandant à me parler. Jamais visite ne me parut plus intempestive, plus inopportune. Mais on ne se refait pas ; je suis doux, accommodant. Je dis à Francine :

— Qu'elle entre !

Et cette fermière loquace entra. Elle était émue, elle avait les yeux humides. A peine assise, elle lâcha la bonde à son éloquence pathétique et m'assassina d'une histoire que je m'efforçais de ne pas écouter et que j'écoutais malgré moi.

S'il faut en croire cette bavarde, sa fille, dont elle me vantait jadis la sagesse, a distingué depuis longtemps Joseph Loubil parmi la foule de ses adorateurs ; c'est le seul qui lui ait inspiré un sentiment sérieux. Elle cause, danse, coquette avec les autres ; mais elle s'est mis en tête d'épouser Joseph. Quoi qu'on lui dise, elle répond :

— Lui ou personne.

Malheureusement, son père n'y veut pas entendre. Joseph est un brave garçon, Joseph est un bon travailleur, Joseph ne boit ni ne joue ; mais Joseph n'a pas le sou, il n'a pas encore trouvé à s'établir, et le père Gabelin n'entend pas donner sa fille à un homme sans établissement. Le vieux Nicolas, notre maréchal ferrant, pense à se retirer, à remettre sa forge et à vendre sa maison ; mais il en demande un gros prix, et Joseph n'a pas plus de crédit que de fonds. Le pauvre diable mérite qu'on le plaigne. Il est amoureux à en perdre l'esprit, il est et se croit aimé. Le voilà bien avancé ! Il n'aura ni la forge, ni sa Zoé, quoiqu'elle s'obstine à dire : « Lui ou personne ! »

Hier au soir, le père et la fille se sont violemment querellés à ce sujet. Ils ont l'un et l'autre « la tête près du bonnet ».

— Ote-toi ce garçon de l'idée. Tu ne l'épouseras pas ; je ne marierai jamais ma fille à un va-nu-pieds.

— Soit ! Bien que je sois majeure, je ne me marierai pas sans votre consentement. Mais puisque vous ne voulez pas que je me marie, puisque vous ne voulez pas que je sois heureuse, je vais m'amuser, oh ! m'amuser !... Je veux devenir une mauvaise fille, on parlera de moi, je vous en ferai voir de toutes les couleurs. Dès demain, je commencerai la danse, et elle sera si belle que vous vous en repentirez !

— Heureusement, me disait Mme Gabelin, il est sourd, il n'a pas entendu la moitié de toutes les folies qu'elle dégoisait ; il l'aurait tuée sur place. Mais je la connais ; comme elle le dit, elle le fera. Nous en aurons des nouvelles, et s'il en arrive quelque chose aux oreilles du vieux, qui ne plaisante pas sur cet article, que le Seigneur notre Dieu ait pitié de nous !

— Tout cela est fâcheux, lui répliquai-je d'un ton d'humeur. Je vous plains, ma bonne femme, mais je ne puis qu'y faire...

— Vous y pouvez beaucoup, monsieur Berjac.

— Faut-il vous répéter que je n'y puis rien ?

— Laissez-moi parler, monsieur Berjac. Son père, sa mère, M. le curé, elle n'écoute personne. Vous êtes le seul homme qui lui fasse peur. Elle m'a confessé un jour qu'elle vous trouvait l'air si vénérable, si sévère, qu'elle ne pouvait passer près de vous sans trembler comme la feuille. Soyez assez bon pour causer avec elle, pour lui expliquer ce que vaut la réputation d'une jeune fille et comme elle a vite fait de la perdre, et qu'une fois perdue, c'est bien fini ! Vous lui direz d'être sage, de patienter, que tout finira par s'arranger... Je vous jure qu'elle vous écoutera.

— Quelle commission me donnez-vous là ! Je n'aime pas à me mêler des affaires des autres.

— Ah ! monsieur, il n'y a que vous pour nous aider, pour nous tirer de peine. Et, tenez, ma fille est allée passer son dimanche chez sa tante, qui la sermonnera, comme je l'en ai priée. Mais il n'y a de bons sermons que les vôtres. Elle reviendra sur les huit heures ; permettez-moi de vous l'envoyer. Je lui dirai que vous avez quelque ouvrage de lingerie à lui commander, que cela presse, et elle viendra, et vous lui parlerez, et elle vous écoutera, et Joseph finira peut-être par s'établir, et on s'épousera, et on vous devra son bonheur.

Je refusai, elle insista. Je me fâchai, elle se mit à pleurer, et pour me débarrasser d'elle et de ses larmes, j'en passai par ce qu'elle voulait. Elle se confondit en remerciements, en bénédictions. J'enrageais.

— Savez-vous, lui dis-je d'un ton pointu en la reconduisant, savez-vous vraiment que j'admire votre confiance, madame Gabelin, et que le tête-à-tête que vous me ménagez bénévolement me semble fort dangereux ?... Madame Gabelin, vous n'avez pas l'air de vous douter que Mlle Zoé est une superbe fille et que je n'ai que trente-deux ans.

Elle leva les yeux et les bras comme pour prendre

les solives du plafond à témoin de l'indignation que
lui causait l'énormité de mon propos :

— Ah ! que dites-vous donc là, monsieur Berjac ?
Et qui s'aviserait de se défier d'un homme tel que
vous ?... Ressemblez-vous à tout le monde ? Allez,
on vous donnerait le bon Dieu sans confession !

XXII

Le même jour, 8 heures du soir.

L'AUTRE : « Ce serait une méchante action, une vilenie, un indigne abus de confiance. Trompé plus d'une fois, tu n'as jamais trompé personne, et on ne sort pas ainsi de son caractère. »

... Je voudrais bien savoir qui est *l'autre*. On l'appelle vulgairement la conscience. La conscience ! C'est un mot. Mais, de quelque nom qu'on l'appelle, *l'autre* est bien gênant. Heureuses les bêtes ! Elles ne connaissent pas ce genre d'embarras, à moins toutefois que les hirondelles...

XXIII

HUIT heures avaient sonné, et j'écrivais le mot :
« hirondelles », quand elle entra comme un coup de
vent, et me dit, en parlant par saccades :

— Ah ! monsieur, vous êtes très fort, très malin !
Vous avez obtenu que ma mère m'envoyât ici. C'é-
tait une ruse inutile. Je voulais venir, je serais venue
de moi-même.

Elle était si excitée que je la soupçonnai un instant d'avoir bu pour se donner du cœur. La colère
était le vin qui lui chauffait le sang et lui allumait
les yeux. Sans doute, les remontrances de sa tante
l'avaient exaspérée. C'est une science admirable que
la morale, s'il y en a une ; mais les gens qui morali-
sent hors de propos sont le plus souvent les avocats
du diable. Sa colère lui allait bien ; elle me semblait encore plus belle que le matin dans le bois de
chênes, et je fus pris d'un mouvement de fureur
contre *l'autre*. J'aurais voulu casser quelque chose,
quelque chose de vivant.

Elle devina que j'étais, moi aussi, dans un état
violent ; une inquiétude lui vint. Parcourant des
yeux le salon, elle avisa, derrière une table ronde,

un fauteuil qui lui parut un lieu de sûreté, où l'on pouvait soutenir un siège. Ayant attiré la table tout près d'elle et pourvu ainsi à sa défense, elle s'installa dans le fauteuil, attendit l'événement.

Pendant qu'elle se livrait à ce petit travail, j'avais eu le temps de me calmer, et ce fut d'une voix grave et posée que je lui dis :

— Je savais que vous teniez à ravoir votre pantoufle. La voici !

— Ne vous donnez pas la peine de me l'apporter, je la prendrai tout à l'heure, me dit-elle en se retranchant derrière sa table.

Et ses deux bras allongés me tenaient à distance.

— Ce qui m'étonne, monsieur, c'est que vous consentiez si facilement à me la rendre. Elle est bonne à garder, cette pantoufle. C'est un joli souvenir.

— Vous vous trompez bien. Elle me rappelle une soirée fort agréable peut-être pour un certain Joseph, mais assurément fort maussade pour moi.

Elle n'était plus inquiète ; elle avait calculé toutes les chances de la bataille, elle se sentait maîtresse de la situation, libre d'accorder ou de refuser. Elle en revint à la coquetterie, qui est le fond de sa nature, et, me narguant du regard :

— Ce pauvre Joseph ! Vous en êtes jaloux ?

— Très jaloux. Je le hais, je l'exècre, et si je pouvais le supprimer...

— Oh ! oh ! dit-elle en riant aux éclats, cela tourne au tragique.

— Ne riez que du bout des dents ; Francine pourrait vous entendre.

Elle fit avec deux de ses doigts un geste qui ressemblait à une chiquenaude et voulait dire : « A

présent que me voilà lancée, je me moque du qu'en-
dira-t-on, et, s'il y a ici quelqu'un de compromis,
ce sera vous. »

— Vous l'aimez donc, ce Joseph ?

— Beaucoup, répliqua-t-elle pour irriter ma jalousie, pour jeter de l'huile sur un feu trop lent à
flamber.

— Vous seriez capable de l'épouser ?

— N'en doutez pas.

— Alors, mademoiselle Zoé, m'écriai-je, pourquoi
êtes-vous ici ?

Ma question lui parut déplaisante ; elle pinça les
lèvres et répondit :

— Je n'aime pas qu'on me mette sur la sellette.

— Vous avez raison, mademoiselle Zoé. D'ailleurs,
à quoi bon ? Je sais tout. Hier au soir, en passant
près de la ferme, j'ai entendu des éclats de voix.
On se querellait ; il y avait là une jeune personne
de ma connaissance qui disait à son père et à sa
mère : « Vous ne voulez pas que je l'épouse, vous
ne voulez pas que je sois heureuse. Soit ! je m'amu-
serai. » Voilà un raisonnement que j'approuve. Il
est clair, en effet, que si les gens qui n'ont pas le
bonheur n'ont pas l'amusement, ils n'auront rien
du tout. Entre nous soit dit, c'est mon cas, et c'est
pourquoi je hais ce Joseph. Eh ! parbleu, qu'il se
décide, qu'il vous épouse, que cela finisse, ou qu'il
aille se faire pendre !

Elle était devenue pensive, elle nous regardait
tour à tour, le tapis de la table et moi, étonnée que
je fusse si bien informé et s'efforçant de deviner
mes intentions. Apparemment elle s'attendait que
j'allais lui dire : « Puisque Joseph ne peut pas vous

épouser, arrangeons-nous. A défaut du bonheur, je serai pour vous le meilleur des amusements. » Quelle réponse ferait-elle à cette proposition ? Le cas était grave et valait la peine qu'on y songeât. Elle ne coquetait plus, mais elle réfléchissait, son cerveau travaillait, et ses yeux bleus étaient presque noirs. Elle finit par me dire :

— Puisque vous écoutez aux portes et que vous savez tout, vous savez donc que Joseph n'aura jamais sa forge. Point de forge, point de mariage.

J'avais pris sur ma table à écrire et je roulais entre mes doigts un petit cachet en cristal. Je le laissai tomber à terre ; au lieu de le ramasser, d'un coup sec je le broyai sous mon talon. J'avais cassé quelque chose.

Maigre soulagement !

— Ah ! oui, repris-je, mais vous n'êtes pas au fait... Joseph aura sa forge.

— Vous qui savez tout, monsieur, vous savez bien qu'il n'a pas le sou.

— Ah ! oui ; mais je connais quelqu'un qui lui avancera tout l'argent nécessaire à un intérêt fort modique. On le dit honnête, travailleur ; ce ne sera pas de l'argent perdu.

— Et qui est ce beau prêteur ? demanda-t-elle vivement.

— Moi, ma belle enfant, lui dis-je, moi, Sylvain Berjac.

Elle se leva tout d'une pièce, et le sourcil froncé, l'œil étincelant :

— A quelle condition, je vous prie ? dit-elle sur un ton de défi.

— Sans condition ; rassurez-vous. Un intérêt de

6

deux pour cent et le plaisir de faire deux heureux, je ne veux pas d'autre récompense.

Je lui procurais du même coup une mortification d'amour-propre assez poignante et une joie du cœur dans la mesure où son cœur est capable de se réjouir. Elle perdait un adorateur dont elle avait sujet d'être fière ; mais elle pouvait épouser Joseph, qui est sinon l'homme qu'elle aime, du moins celui qu'elle préfère. Le mariage impossible devenait possible. Quitter à jamais ses parents, s'appartenir, être chez elle et tourmenter à la journée l'amoureux Joseph... que de biens à la fois ! et que d'imprévu dans ce bonheur ! C'était un événement.

Elle quitta son camp retranché, vint droit à moi :

— Vous parlez sérieusement ?

— Je suis toujours sérieux.

— Vous ne reprendrez pas votre parole ?

— Je ne la reprends jamais.

— Et dès ce soir je peux annoncer cette nouvelle à ma mère ?

— Dès ce soir, et demain vous m'enverrez votre futur pour que nous réglions ensemble nos petites affaires.

A la fois fâchée et contente, elle me tendit brusquement sa main droite, que je gardai un instant dans la mienne. Je lui dis enfin :

— Mademoiselle Zoé, vous êtes une belle fille et Joseph est un brave garçon ; tâchez de ne pas le rendre trop malheureux.

Elle ne me répondit pas ; elle m'examinait des pieds à la tête. Décidément j'étais un être très bizarre, très divers. Tantôt puritain sauvage, tantôt d'humeur galante, quelques heures plus tard petit

manteau bleu... Avait-on jamais vu de si étonnan-
tes, de si soudaines métamorphoses ? Elle regrettait
de s'en aller sans avoir le mot de l'énigme.

— Et le baiser de ce matin ? me demanda-t-elle
en hochant la tête et me regardant de travers.

— Ah ! bien, ce baiser... Il faut que je vous explique... Mais non, repris-je, c'est trop compliqué,
je désespère de me faire comprendre.

Le moyen ? J'aurais dû lui parler de *l'autre*, et
je veux mourir si elle connaît *l'autre*. La rage au
cœur, aussi confus qu'un loup dont on a dérangé
le repas, qu'un loup qui se voit ôter le morceau de
la bouche, je reconduisis Mlle Zoé Gabelin jusqu'à
la porte de la cour, et elle partit avec son étonnement et sa pantoufle.

En rentrant, je me trouvai nez à nez avec Francine, qui sortait de sa chambre en camisole de nuit,
sa lampe allumée à la main, le visage effaré, les
yeux pleins de choses qu'elle n'osait pas dire. Nous
avions parlé trop haut, nous l'avions réveillée.

— Francine, lui dis-je, tu vois un homme qui
vient de faire une bonne action. Je ne me marie
pas, mais je marie les autres.

Je lui contai l'histoire, en substance du moins,
et en l'accommodant à son goût. A mesure que
j'avançais dans mon récit, sa figure allongée se rac-
courcissait et tout s'y remettait à sa place. L'alerte
avait été chaude ; elle respirait comme au sortir
d'un danger mortel.

— Dieu vous bénira, monsieur, me dit-elle joyeu-
sement. Il y a des filles coquettes qui, lorsqu'elles
ont un ménage, des enfants, deviennent d'honnêtes
femmes

Puis, pour soulager sa conscience par la confession volontaire d'un péché dont la honte lui pesait :

— Qu'on est bête quelquefois ! et qu'on a bientôt fait d'avoir de mauvaises pensées ! Que Notre-Seigneur me pardonne ! J'ai failli m'imaginer que monsieur commençait à se déranger.

— J'y renonce, lui répondis-je avec accablement ; c'est évidemment un talent qui me manque. Ma bonne vieille, je suis condamné à la vertu à perpétuité.

XXIV

9 mai.

Je caressais l'espoir que Théodule resterait à Bordeaux, qu'il s'arrangerait avec son père ; je me tenais prêt à lui expédier ses malles. On ne perd pas son chien ; au vif chagrin de Francine, il est revenu.

Elle me disait :

— Ce joli monsieur nous prend pour une auberge. Quand donc videra-t-il une fois pour toutes le plancher ?

L'affaire de la forge est réglée ; j'ai traité moi-même avec le vieux maréchal. Mme Gabelin et Joseph m'accablent de leurs protestations d'éternelle gratitude ; je les prends pour ce qu'elles valent. En rendant un service, vous contractez l'obligation d'en rendre un autre, et le fond de la reconnaissance n'est pas le souvenir du premier, c'est l'espérance du second. L'homme est ingrat, et le monde est cruellement ennuyeux. Je n'aime que mes vignes, je m'imagine qu'elles m'aiment un peu. C'est la seule illusion qui me reste.

On est venu tantôt m'annoncer que Mlle Zoé irait passer chez sa tante le temps de ses fiançailles ; elle y sera plus à l'aise pour confectionner son trousseau. J'en suis ravi ; il me tarde de ne plus la voir.

Aussi bien Théodule commençait à rôder autour de la ferme, agité d'une convoitise naissante qui triomphe de sa paresse. Ah ! mais non, je m'y oppose. Je n'ai pas mangé, je ne veux pas qu'on mange. Je ne lui ai point conté mes hauts faits ; il m'aurait félicité sur ma façon de cueillir les roses.

Je l'ai dit, je le répète, ma vie est fade, ma vie manque de grâce et de sel.

XXV

Voila du nouveau ! Les yeux gris que je pensais ne plus revoir... eh ! oui, je les ai revus, et ma vie n'est plus fade ; mais je crains que le souci, le chagrin, ne soit le sel qui l'assaisonne.

Ma sœur, qui n'avait pas mis les pieds à Mon-Cep depuis des années, est venue passer quelques jours avec moi. Elle ne donne rien à son plaisir et ne se dérobe jamais à ses devoirs. Une voix d'en haut lui a intimé l'ordre de s'employer délibérément au grand ouvrage de ma conversion, du salut de mon âme. Ayant appris par de tardives expériences qu'on ne prend pas les mouches avec du vinaigre, elle s'étudie à me plaire, elle me câline, elle a de l'huile dans les yeux et un parler de miel. Elle remplace la méthode sèche par la méthode suave.

Hier, dans l'après-midi, vers trois heures, j'étais assis devant ma table à écrire, vérifiant, apurant des comptes. Près de moi, Jeanne travaillait à je ne sais quel tricot au crochet, qu'elle destine sans doute à quelque pécheresse convertie. Francine accourt, faisant de grands gestes, et m'annonce M. et Mlle Havenne. Je bondis sur ma chaise.

— Qu'ils entrent !

Elle entra la première, gracieuse, souriante, et je

constatai sur-le-champ qu'elle était dans un de ses
jours de charme et de beauté. Je lui présentai ma
sœur, qui l'enveloppa d'un regard de bienveillance
onctueuse, de commisération angélique. C'est la nouvelle consigne, et un bon soldat ne connaît que sa
consigne.

— Où donc est mon père ? dit Mlle Louise en se
retournant.

L'homme éléphant s'était attardé à examiner je
ne sais quoi dans ma cour. Il apparut enfin pour
me dire, sur le ton brusque d'un vieux bureaucrate
narquois :

— Monsieur, je suis un manant, il y a près d'un
mois que je vous dois des excuses. Un soir, vous
avez eu l'extrême obligeance de me ramener ma
fille, que vous aviez rencontrée musant dans les
chemins. Cette jeune personne, qui me gronde souvent, prétend que je vous ai très mal reçu. C'est
possible, il m'arrive parfois d'être désagréable
bourru, malotru, sans m'en apercevoir. Mais je conviens de mes torts et je les répare, pourvu qu'on
m'autorise à y mettre le temps. Voilà des semaines
que je me promets de venir vous voir et que je n'en
fais rien. Que voulez-vous ? J'ai l'humeur solitaire,
les visites me coûtent. C'est ce qui s'appelle bouder
contre son plaisir, car je vous assure que je suis
charmé d'être ici.

Cela dit, il regarda sa fille dans les yeux, comme
pour lui demander s'il avait bien parlé, si sa harangue était suffisante ou s'il devait en recommencer une autre.

Je lui fis toutes les grâces qu'on peut faire à un
éléphant qu'on désire apprivoiser. La conversation

ayant changé de sujet, je découvris que le malotru
savait beaucoup de choses et en parlait avec autorité. Pendant qu'il discourait, Mlle Louise laissait
vaguer autour d'elle ses yeux subtils de Parisienne.
Je fus pris d'inquiétude, je passai furtivement en
revue mon parquet, mes carpettes, mes portières,
mon tapis de table, la moquette et la passementerie
de mes fauteuils ; je croyais apercevoir partout de
grosses vilaines taches. Théodule a des habitudes
de laisser-aller qui font mon désespoir : il crache
beaucoup en fumant et ne crache pas toujours dans
le foyer. Je m'inquiétais à tort ; tout était net, en
bon ordre. Selon Francine, rien ne ressemble plus
à un péché qu'une tache, et cette bonne femme a
le génie du nettoyage.

Par un fâcheux hasard, Mlle Havenne s'était assise dans le fauteuil que Mlle Zoé Gabelin avait occupé une heure durant. Je lui racontais cet événement avec les yeux ; je lui disais : « Tout va
bien ; non seulement mon parquet est propre, mais
il ne s'est rien passé ici qui puisse t'effaroucher. La
tentation fut forte ; nous n'avons point succombé,
nous sommes restés vertueux malgré nous. Tu as le
regard interrogeant ; cherche, fouille dans mon cœur ;
cette belle fille n'y est plus, et, à vrai dire, elle n'y
entra jamais. La place est libre ; la veux-tu ? »

J'avais lu la veille dans un livre qui n'est pas un
livre de science la parole qu'adressait une sainte à
un poète qui l'avait dévotement aimée et depuis
s'était dérangé : « Rien qu'en te montrant mes prunelles de jeune fille, je t'ai fait marcher longtemps
dans le droit chemin. » Cette sainte avait sans doute
des prunelles grises. Le gris est la couleur de la

vertu, et la vertu, ma fidèle et déplaisante amie, me plairait tout à fait si Mlle Havenne se chargeait de me la prêcher.

On aime à prendre ses avantages, je désirais qu'elle emportât une bonne impression de Mon-Cep. J'avais décidé qu'elle verrait l'argenterie que m'a laissée mon père, l'argenterie qu'il respectait trop pour s'en servir jamais. J'entendais surtout qu'elle tâtât de ma cuisine ; il se trouvait justement que ce soir-là l'abbé Poncel et le docteur Hervier, que M. Havenne connaît l'un et l'autre, devaient dîner avec nous ; on s'était mis en frais pour les recevoir. Au moment où le gros homme se levait pour partir, je lui déclarai que ses excuses m'avaient paru un peu maigres, que la paix ne serait rétablie entre nous que s'il consentait à manger de mon sel. Il fit la grimace, c'est toujours par là qu'il commence. Comme j'insistais, il se pencha vers sa fille, et, de nouveau, il la regarda dans les yeux. Sa première volonté est bien à lui ; mais la dernière, c'est dans les yeux gris qu'il la cherche. Ils répondirent : « Acceptez. » Il accepta.

Cet homme corpulent et massif joint à sa sauvagerie naturelle ou acquise toutes les curiosités, les grandes et les petites ; je ne sais comment il s'y prend pour concilier ces deux passions. En attendant le dîner, il voulut visiter en détail mon domaine. J'éprouvai, en le promenant dans mes vignes, la même joie orgueilleuse que ressentit le roi Candaule lorsqu'il montra sa femme à Gygès, histoire que je connais bien pour l'avoir mise en vers dans ma jeunesse. Mais Candaule paya cher son triomphe, il perdit sa couronne, sa tête et sa femme.

Mes vignes ne me seront point ôtées. Comme le
disait un jour mon avoué, je suis leur Caïus, elles
sont ma Caïa. On ne réussira point à nous démarier.

Instruit de l'événement, Théodule avait fait sa
toilette des grands jours. Il nous rejoignit cravaté
de rose, pimpant, l'œil en fête. Il aborda sans façons
M. Havenne, comme s'il avait mangé avec lui plus
d'un minot de sel, et il lui expliqua mes procédés
de viticulture comme s'il les avait inventés. M. Havenne le trouvait familier et par instants le toisait
avec ironie. Mais on ne peut pas se fâcher contre
Théodule : son inconscience et sa gentillesse blon-
dine sauvent tout.

Je m'étais ménagé à plusieurs reprises l'occasion
de causer tête à tête avec Mlle Louise. Je l'interro-
geais sur ses goûts, je tâchais de découvrir si la
Saintonge était pour elle un lieu d'exil, si elle regrettait Paris. Ses réponses étaient courtes sans être
brèves, concises sans être sèches. Le docteur Hervier prétend que c'est un art particulier aux Parisiennes, qu'elles ne s'appesantissent sur rien, qu'elles ont le goût des sous-entendus, qu'elles laissent
courir leur esprit et leur parole sans que la promptitude dérobe rien à la grâce. Ma sœur gâta mon
plaisir en mêlant aux douceurs de notre entretien
ses suavités de Canaan et les roses de Saron. Bientôt
elle m'enleva Mlle Havenne sous le fallacieux prétexte de lui faire admirer ma basse-cour. Selon toute
apparence, elle se proposait de jeter la sonde dans
les abîmes de cette jeune âme en état de perdi-
tion.

L'instant d'après survinrent le docteur et le curé.
Pendant que ces dames causaient avec mes poules

pattues, les hommes se rassemblèrent sous mon tilleul et s'ouvrirent l'appétit en buvant un verre de
madère. Quand on a une idée en tête, on y rapporte
tout : deux minutes après nous être assis, nous par-
lions de l'homme et de la bête.

— Il arrive quelquefois, dis-je à M. Havenne, que
des hirondelles, ayant couvé trop tardivement, ne
peuvent emmener leur géniture quand vient la saison des départs. Les mères s'en vont et leurs jeunes
périssent misérablement dans leur nid. Croyez-vous
que, tout en se chauffant au soleil de l'Égypte, les
mères ressentent quelque remords de leur criminel
abandon ?

— Je n'en crois rien, répondit-il. L'instinct de
migration est un instinct social, puisqu'on part en
bande, et chez les bêtes les instincts sociaux sont
presque toujours plus forts que les instincts domestiques. Les hirondelles dont vous parlez ont fait
leur devoir en s'en allant, et il est à présumer qu'elles oublient parfaitement leurs petits. La bête a rarement deux idées à la fois, un clou chasse l'autre.
L'homme a la dangereuse faculté de combiner des
sentiments contraires, sans que le plus fort tue le
plus faible, il est le seul être capable de porter en
lui et de supporter quelque temps des contradictions inconciliables. Il en souffre souvent ; parfois
aussi il en meurt.

— Je ne sais pas si les hirondelles ont une conscience, dit Théodule ; mais je sais que la nôtre est
une drôle de machine.

— La conscience, s'écria l'abbé Poncel en frap-
pant du poing sur son genou, est la protestation de
Dieu contre le diable.

— La conscience, fit le docteur Hervier, est le jugement que porte un cerveau perfectionné sur un corps de bête qui n'est pas perfectible.

— Ah! permettez, lui repartit M. Havenne. Quand notre bête est sage, ce qui lui arrive de temps en temps, notre raison est trop raisonnable pour la mépriser, elle et ses plaisirs.

— La conscience, que j'appelle *l'autre*, lui demandai-je, est-elle en nous quelque chose de naturel ou d'appris?

— C'est quelque chose, me dit-il, qu'on apprend sans savoir comment.

— La conscience, s'écria Théodule, est une montre que chacun règle sur l'horloge de son pays. Un célèbre voyageur portugais, Serpa Pinto, arriva un jour chez une peuplade d'Ambuélas, dont le roi, ou *sova*, était un homme fort aimable, très courtois, qui l'approvisionna de manioc, de haricots, de volailles, et mit le comble à ses bontés en lui envoyant, le soir, une de ses filles, Capéou, pour qu'il en usât à son plaisir. Capéou était une séduisante petite princesse dans la fraîcheur de ses seize ans, au regard humide et langoureux; elle avait pour tout vêtement une ceinture d'écorce très légère et un collier de *caouris*. Le voyageur portugais la trouva charmante, mais il se fit un scrupule de déshonorer la fille de son hôte. En vain, Capéou lui prodigua ses sourires, il égala Joseph en continence. Elle s'indignait qu'il l'empêchât d'accomplir son devoir. Elle lui disait : « Pourquoi me méprises-tu? Si tu es un *sécoulo*, je suis la fille d'un sova. » Qui décidera entre les principes portugais et les principes africains, entre la conscience de Capéou et celle de Serpa Pinto?

— Il y a du vrai dans ce que vous dites, répliqua
M. Havenne. Cependant je vous prierai d'observer...

— Sir John Almond, poursuivit Théodule, en l'in-
terrompant, me dit un jour : « Ce Portugais s'est
fort mal conduit, car un voyageur doit toujours
s'accommoder aux mœurs et aux lois des peuples
qu'il visite, et si ces peuples vivent encore à l'état
sauvage, ils lui procureront l'occasion de conformer
une fois au moins sa conduite aux admirables pres-
criptions du droit naturel. Au surplus, ajoutait-il,
l'altruisme bien entendu nous commande de sacrifier quelquefois notre conscience à la conscience
d'autrui. »

— L'altruisme ! dit l'abbé Poncel, en chiffonnant
sa soutane. Vilain mot, vilaine chose, qu'on a inventée pour faire pièce à la charité !

— Il m'en coûte peu de me ranger à votre avis,
monsieur le curé, dit aussitôt M. Havenne, qui en
voulait à Théodule de lui avoir coupé la parole.
Vous avez mille fois raison : leur fameuse sympathie, dont ils nous rebattent les oreilles, est une
assez pauvre invention, et je les défie d'en tirer une
morale ; on ne bâtit pas sur une terre mouvante.
Eh ! parbleu, la sympathie n'est qu'un sentiment,
et c'est peu de chose qu'un sentiment. Elle peut
bien me pousser quelquefois à me rendre agréable
aux gens qui me plaisent, elle ne me décidera jamais à être juste envers un homme qui me déplaît
ou en qui je peux voir un concurrent, et c'est de
cela qu'il s'agit. A-t-on besoin de morale pour ne
pas désobliger les gens qu'on aime ? Monsieur le
curé, je suis un grand mécréant, mais je préfère

résolument une augustine à un altruiste. Ce qu'elle a fait hier me répond de ce qu'elle fera demain, et quels que soient leurs défauts, je me sens du goût pour les gens sur qui l'on peut compter.

La cloche du dîner interrompit cet entretien, il ne fut plus question de l'homme et de la bête.

Francine s'était surpassée et chacun fit vaillamment son devoir, à l'exception de ma sœur, qui, regardant son assiette avec mépris, pignochait négligemment. Elle semblait dire : « Quand donc revêterons-nous un corps glorieux ? »

En sortant de table, elle se prit de bec avec l'abbé Poncel. Il y a entre eux, depuis le temps où elle demeurait avec moi, une vieille querelle toujours prête à se rallumer. Elle lui soutient qu'il n'y a que deux sacrements ; il s'évertue à lui démontrer qu'il y en a sept, que toutes les bonnes choses vont sept à sept, et il cite l'Apocalypse, les sept cornes de l'agneau, les sept sceaux du livre, les sept chandeliers, les sept anges qui environnent le trône du Seigneur. Jeanne, féconde en objections, en raisonnements captieux, et prompte à la parade, a réponse à tout.

Je causais avec Mlle Louise : elle ne regrette point Paris, elle se plaît en Saintonge. Elle partage son temps entre les soins du ménage, le dessin, la musique, que son père adore, les longues promenades à pied d'où l'on rapporte de petites plantes. Elle s'adonne aussi à l'élève des abeilles et elle est fière de ses ruches. Bref, elle ne s'ennuie pas, elle ne s'ennuiera jamais. Femmes, ne vous ennuyez pas ! ce n'est pas la bête, c'est l'imagination et l'ennui qui vous perdent.

Me montrant du doigt ma sœur et l'abbé, et ne
sachant pas trop de quoi ils disputaient :

— J'ai bien envie, me dit-elle, de les mettre d'accord en leur faisant un peu de musique.

Mon piano est un beau Pleyel, que j'achetai fort
cher quelques jours avant mon mariage. Mme Hermine de Roybaz, qui se donnait pour une virtuose,
y jouait de temps à autre, à tour de rôle, une polka
et une valse, toujours les mêmes, dont se composait
son répertoire. Triste musique ! triste musicienne !
J'avais pris le malheureux instrument en horreur.
Il me semblait que cette valse et cette polka y
étaient demeurées à jamais emprisonnées, et je le
comparais à un possédé en qui habitent deux esprits
malins. Le nocturne que joua Mlle Louise, de ses
doigts souples et moelleux, détruisit le charme impur. Les esprits malins s'envolèrent, et le possédé,
heureux de sa délivrance, frémissant d'aise, semblait rendre grâces à cette aimable créature qui
chassait les démons.

A peine avait-elle frappé ses premiers accords,
M. Havenne, qui fumait sur la terrasse, était ac-
couru, suivi de Théodule, lequel s'empressa d'aller
chercher sa flûte et une partition d'opéra. On se
distribua les rôles, les parties, et le concert commença. Renversé dans un fauteuil, les jambes allon-
gées, M. Havenne témoignait de sa délectation par
des grimaces ; il gonflait ses abajoues, plissait ses
lèvres, ses épais sourcils se recourbaient en crochets.
Il faut croire que la musique est pour lui une souffrance exquise, le plus régalant des supplices. J'é-
tais moins content que lui : une secrète jalousie me
travaillait le cœur à la façon d'une lime sourde ; je

maudissais le dieu qui inventa la flûte et protège les jolis garçons qui savent en jouer.

C'était la journée aux surprises. La porte s'ouvre, je vois entrer un grand vieillard bien conservé, de figure noble, engageante, au teint vermeil et fleuri, très haut sur jambes, portant sur de larges épaules une tête étroite, ombragée d'une forêt de cheveux blancs en désordre. Il salue, il se nomme, et sans s'inquiéter de nous et de nos chétives existences, allant droit à Théodule, il lui secoue les deux mains, le tire à part, lui adresse tout d'une haleine un long discours en français, qu'il entrelardait de phrases anglaises pour affirmer son droit et sauvegarder sa dignité.

Cet homme sans cérémonie était sir John Almond, sir John en personne, qui, fraîchement arrivé d'Angleterre, se rendait à Pau, où sa sœur avait passé l'hiver. Le droit naturel ne défend pas d'aimer sa sœur, il autorise même à l'aimer un peu trop ; mais sir John aime fraternellement la sienne, comme il déteste conjugalement sa femme.

Il avait pris son chemin par Mon-Cep, à l'effet d'avertir son fidèle secrétaire qu'il méditait un nouveau voyage, qu'avant peu il l'emmènerait du fond de la Saintonge à Samarcande, de Samarcande au Thibet, d'où l'on reviendrait par la route la plus difficile, la plus dangereuse et la plus longue. Il ne doutait pas que Théodule ne goûtât infiniment sa proposition.

— Mon bel ami, lui dit-il, ou je me trompe bien, ou vous vivez dans une maison trop grasse. Vous vous engourdissez, mon garçon ; vous vous êtes considérablement épaissi. Secouez votre torpeur ;

l'homme est né pour voir et pour courir. Quant à
moi, la seule fatigue qui me paraisse insupportable
est le repos.

Théodule approuvait du bonnet ; sa pension lui
tient au cœur. Mais il maugréait intérieurement contre ce terrible trotteur, dont il contemplait à la dé-
robée, avec consternation, les jambes de cerf, ces
longues jambes éternellement inquiètes, qui l'ont
tant fait courir et qui le conviaient à de nouveaux
exploits.

Alors survint un incident fâcheux, déplorable, dé-
sastreux, lequel aura pour moi, je le crains, les plus
funestes conséquences. J'avais fait préparer un grog.
Ce fut Mlle Louise qui le servit ; elle en présenta un
verre à sir John, dont les façons cavalières lui semblaient plus originales que déplaisantes. Sir John,
la prenant pour la maîtresse de la maison et la
trouvant fort à son goût, voulut se montrer galant.

— Chère madame, lui dit-il, je félicite M. Berjac... Eh ! Théodule, comment l'appelez-vous donc ?
Oui, c'est bien Berjac... Je vous disais, chère madame, qu'on ne saurait trop féliciter M. Berjac, dont
le nom a failli m'échapper, d'avoir épousé une aussi
charmante femme que vous. Si pareille bonne fortune m'était échue, je me serais sûrement récon-
cilié avec cette misérable institution qu'on appelle
le mariage.

Je regardais en ce moment M. Havenne. Il rougit,
il pâlit, les yeux lui sortaient de la tête. Indigné
qu'on disposât si lestement de son bien, peu s'en
fallut que sa jalousie paternelle ne fît éruption, et
qu'apostrophant sir John, il ne lui reprochât son
impertinente méprise en termes peu courtois. La

riposte eût été vive ; nous aurions vraiment assisté au combat de l'éléphant et de la baleine. Mais Mlle Louise, qui ne voulait pas qu'on se battît, s'empressa de prendre les devants et d'expliquer à sir John qu'elle n'était pas Mme Berjac.

— Vous vous trompez, monsieur, lui répondit-elle en riant. Telle que me voici, je suis libre, tout à fait libre, et je serais charmée de voir Samarcande.

Modestement inclinée devant lui, dans une attitude pleine de grâce, elle avait l'air de dire : « J'ai le bouquet sur l'oreille ; achetez ! »

Sir John parut goûter cette plaisanterie. Il sourit agréablement et répliqua en caressant ses favoris touffus :

— Mademoiselle, excusez mon erreur. Je vous jure que si, moi aussi, j'étais libre, le marché serait bien vite conclu. Hélas ! je ne suis pas né pour le bonheur, et je maudis plus que jamais ma chaîne et mes cheveux blancs.

Il avait paré sa boutonnière d'une primevère de jardin en retard. Théodule m'a expliqué que les conservateurs anglais ont choisi la primevère pour emblème, et qu'en sa qualité de champion du droit naturel, sir John se tient pour le conservateur par excellence, pour le représentant du torysme préhistorique. Il offrit sa fleur à Mlle Louise, lui demandant en échange un petit bouquet de violettes qu'elle portait à son corsage. Le troc fut accepté. La primevère était fanée, les violettes étaient toutes fraîches. Les Anglais ont le génie du commerce et des bonnes affaires.

Là-dessus, ayant vidé son verre d'un trait, il regarda sa montre, se leva, fit de grandes courbettes à Mlle Louise, lui baisa le bout des doigts, nous salua, nous autres, fort sommairement, et se hâta de regagner sa voiture, qui l'attendait à la porte pour le conduire à la station voisine.

M. Havenne avait aussi regardé sa montre ; il signifia à sa fille qu'il lui tardait de rentrer à Clo-ville. Je lui proposai de faire atteler le panier : il refusa mon offre tout net, d'un ton sec et cassant. Il n'en voulait plus à sir John, c'était sur moi qu'il rejetait sa mésaventure, l'innocent payait pour le coupable.

— Eh ! bon Dieu, me dit-il, j'ai des jambes, ma fille aussi, et les jambes sont faites pour s'en ser-vir.

Oui, tu as des jambes ; tu as aussi des défenses ; malheur à qui s'y frotte !... Il partit sans me tou-cher la main, me saluant du geste et d'un léger hochement de son double menton. J'avais été son gendre pendant une demi-minute : c'est un de ces crimes qui ne se pardonnent pas.

Quand les gens s'en vont, le demeurant des rats, comme on dit, tient chapitre en un coin. On devise, on glose, on épluche, on épilogue ; c'est l'usage im-mémorial.

— La pauvre enfant ! dit ma sœur, en poussant un soupir qui sortait des profondeurs de ses en-trailles.

— Vraiment, de quoi la plains-tu ? lui deman-dai-je.

— Je m'entends, reprit-elle, et je dis : La pauvre enfant !

— Pour moi, je la trouve charmante, fit le doc-teur. J'admire particulièrement le pavillon de ses petites oreilles si finement modelées. J'admire encore plus sa nuque, que ses cheveux retroussés laissent à découvert, et qu'on est tenté de pincer doucement entre son pouce et son index, pour s'assurer que ce joli cou n'est pas trop fragile. Dame ! ce n'est pas précisément une beauté. Ce qui plaît en elle, c'est l'élégance, c'est la grâce, c'est Paris.

— Disons tout de suite que cette jeune Louise est une délicieuse, une adorable laide, s'écria Théodule. En bonne foi, je m'en accommoderais sans me faire prier ; mais la prendre sans dot, oh ! que nenni ! Il n'y a pas de pavillon d'oreille qui tienne ; foin d'un mariage qui n'est pas une bonne affaire !

— Voilà de vilains sentiments, repartit le docteur, en se barbouillant le nez de tabac. Je dispense M#lle# Havenne de m'apporter une dot ; où la prendrait-elle ? Dans la poche de son père ? Ce n'est pas le père aux écus. Eh ! qu'importe ? je méprise le vil intérêt. Si je n'offre pas à cette mignonne mon cœur et ma main, c'est que j'ai juré de ne jamais convoler. Nous n'avons pas le pied marin, nous avons dit à l'Océan et à ses courants perfides un éternel adieu.

— Aussi bien, reprit Théodule, quoi qu'elle en dise, elle n'est plus libre. Sir John Almond, de sa pleine autorité, vient de l'adjuger à l'heureux Berjac ; ce grand pontife a tenu lui-même le poêle nuptial et béni les époux... Sylvain, mon petit vieux, attention ! ayons l'œil au guet, faisons bonne garde. Les Parisiennes s'entendent à cacher leur jeu ; elles ont des dessous inquiétants, et, comme disait Panurge...

— Laissez donc, interrompit l'abbé Poncel, en

bien comme en mal, je vous le dis, il y a de tout
dans leur Paris.

— Mon frère ne fera pas une seconde fois la folie
d'épouser une catholique romaine, dit impérieuse-
ment ma sœur Jeanne, qui attendait avec impatience son tour de parler.

— La folie !... Eh ! vous êtes bonne, ma chère
demoiselle ; où la prenez-vous, cette folie ? s'écria
l'abbé, offensé dans sa foi.

Et il déclara à ma sœur qu'il y avait sans con-
teste plus de mauvais ménages chez les protestants
que chez les catholiques. Elle lui riposta que la sta-
tistique prouvait le contraire, et ils se chamaillèrent
longtemps sur cet article comme ils s'étaient querellés tantôt sur le nombre des sacrements. Ce sont
leurs deux grands sujets de dispute, qu'à l'ordinaire
ils greffent adroitement l'un sur l'autre.

— Balivernes que tout cela ! dit le curé pour en
finir. Je donnerais ma tête à couper que Mlle Louise
est une de ces vierges sages dont notre Sauveur
louait la discrétion et la prudence, une de ces vierges qui ne laissent jamais s'éteindre leur lampe.
Tout ce que j'appréhende, c'est que son mécréant
de père ne l'empoisonne de ses doutes, quand il est
si facile de ne pas douter !

— La pauvre enfant ! répéta ma sœur une fois
encore.

Elle en revenait à la note suave, sa voix était
mouillée de larmes.

— Je vous en conjure, ne pleurez pas, mademoiselle Jeanne, lui cria Théodule, ou je vais me mettre
à pleurer aussi, et je n'aime pas à m'attendrir sans
savoir pourquoi.

Cela dit, on se sépara, le patron de la case demeura seul avec ses pensées demi-grises, demi-roses. Serait-il possible qu'un jour...?

Sans être fat, j'ose croire que je ne lui suis pas indifférent ; mais je crains bien qu'entre elle et moi tout ne soit fini. Dorénavant, ce père aux sourcils en crochets se fera un devoir de me consigner à sa porte. Il se défie de mes intentions ; je suis l'ennemi de ses joies, j'appartiens à la tribu de ces rôdeurs suspects sur qui on lance les chiens de garde.

Il me semble, à d'autres instants, que les grands bonheurs doivent être péniblement conquis, que j'achèterai le mien par de grands chagrins.

TROISIÈME PARTIE

XXVI

16 mai.

Enfin ma sœur est partie, je n'en suis pas fâché. Je
respecte ses intentions, mais ses procédés me semblent indiscrets. J'étais sa mouche, et cette pieuse
araignée travaillait matin et soir à m'envelopper
de ses fils : « Sylvain, ton âme est-elle en état de
grâce ?... Sylvain, ne sens-tu pas en toi la présence
du péché ?... Sylvain, qu'est-ce que ce peu d'années
qui passent, au prix d'une éternité de joie ou de
douleur ? » Si serrée que fût sa toile, il s'y trouvait
toujours quelque maille un peu lâche par où la mouche s'envolait.

Elle ne doute de rien : elle avait entrepris, par
surcroît, de convertir Théodule. Il se tirait d'affaire
en l'assassinant de compliments sur ses grands yeux
sombres, pleins, disait-il, d'une nuit divine, et qu'il
comparait à des diamants noirs. Ma sœur serait

185

une assez belle personne si elle n'avait le teint bis,
s'il ne manquait à ce visage le rayon de soleil et la
fleur du sourire. C'est une admirable chose que la
nuit divine ; mais les enfants des hommes ont un
goût naturel pour les clartés du jour, pour ce qui
réjouit les yeux.

Elle affectait de se scandaliser des compliments
de Théodule ; elle ne laissait pas d'en savourer se-
crètement la douceur. Je l'ai surprise plus d'une
fois à caresser du regard ce joli blondin, qui ne
demanderait pas mieux que d'épouser une fille riche
pour échapper à sir John et se dispenser de retourner dans l'Asie centrale. Mais Jeanne a du caractère.
Elle exigera qu'au préalable on se convertisse, et
Théodule est inconvertible.

Plus je vais, plus j'admire les contradictions des
hommes. Théodule, grand apôtre du droit naturel,
songe sérieusement à se marier. Ma sœur, cette
sainte, a des indulgences coupables pour les pé-
cheurs, quand ils sont jolis garçons. L'abbé Poncel,
qui a l'horreur du diable, ne se fait pas conscience
de dîner chez lui, pour peu que la table soit bonne ;
je sais par Francine qu'il dînait avant-hier à Cloville. Notre ami le docteur, à qui son corps de bête
imperfectible fait pitié, ne se donne aucune peine
pour l'embellir, pour sauver les apparences ; je l'ai
rencontré l'autre matin, il avait une barbe de huit
jours. Quant à M. Havenne, il célèbre les augustines
et n'a pas d'autre règle de conduite que les calculs
de son parfait égoïsme. Et moi-même... Oui, moi-
même, je me félicite d'avoir reconquis ma chère
liberté, et mon cœur soupire obstinément après les
délices d'une nouvelle servitude. Hier j'ai employé

ma soirée à écrire des vers. Je n'en avais pas fait depuis dix ans...

Quand donc oublieras-tu cette Louise ? Il y a cent mille Louises dans le monde, et toutes les femmes se valent, et ces roseaux, qui plient à tous les vents, percent la main qui s'y appuie.

XXVII

M. HAVENNE est un homme étrange ; je renonce à
m'expliquer sa conduite. Je le croyais résolu à me
tenir à distance ; il me recherche, il m'appelle, il
m'ouvre sa porte à deux battants. Je m'étais vanté
à lui d'être un assez bon arpenteur. Il est venu me
voir un matin et m'a fait part de son désir d'acheter
Cloville. On a envie de vendre, on lui donnerait de
grandes facilités de payement, mais auparavant il
voudrait connaître l'exacte contenance du clos ; le
propriétaire n'en répond qu'à quelques décamètres
près, et, en sa qualité de vieil administrateur, M. Havenne déteste les à-peu-près.

— Avez-vous du loisir ? me demanda-t-il avec
sa brusquerie accoutumée. On aime à exercer ses
talents : venez nous arpenter.

J'y ai consenti de grand cœur. Depuis une semaine, de deux jours l'un, je me rends dès le matin
à Cloville. Mlle Louise m'aide dans mon travail, que
je m'applique à faire durer. Elle tient de sa main
gantée l'une des poignées de la chaîne, et j'éprouve
un singulier plaisir à nous sentir ainsi liés l'un à
l'autre par de solides chaînons de cuivre. Le gros
jaloux ne trouble que rarement nos tête-à-tête. Le
plus souvent, assis dans l'herbe, il nous regarde de

loin, en souriant d'un air paterne, et je me figure parfois que je suis chez Laban, que je travaille à son service pour mériter Rachel.

On pousse l'obligeance jusqu'à me retenir à déjeuner. Leur cuisine est simple, mais soignée ; la nappe sent la lavande. Cette maison me plaît ; il y a dans tous les coins des jardinières richement fleuries, et chats ou chiens, pigeons, poules ou dindons, tout le monde semble aimable et content, jusqu'aux abeilles, qui entrent à leur aise par les fenêtres toujours ouvertes, jusqu'à un gros corbeau apprivoisé, qui s'amuse à becqueter mes bottes et dont les yeux prophétiques m'annoncent des bonheurs invraisemblables. L'autre jour, il a grimpé sur mes genoux et il prenait de grandes familiarités avec mes boutons d'habit ; nous en sommes à tu et à toi.

Non, cette maison n'est pas comme les autres. Les murs qui enferment de toutes parts le potager ne ressemblent pas à tous les murs, ni ce jardin si bien gardé à tous les jardins. Le sable des allées est doux au pied. Je suis tenté de croire qu'à Cloville le soleil n'est pas comme ailleurs, que l'air qu'on y respire a une odeur particulière. Mais il faut me défier de mon imagination.

Ah ! je m'en dédis, il n'y a pas cent mille Louises dans le monde. Cherchez, vous n'en trouverez qu'une. Elle est toujours active, sans être jamais agitée, toujours en mouvement et toujours en repos. Tout lui est facile ; elle unit la justesse à la légèreté, rien ne lui pèse, elle ne pèse sur rien. Posséder dans sa maison, avoir à soi cette élégante créature ! c'est bien cela qui donnerait à toutes les affaires de la vie la grâce et le sel qui leur manquent. Mais elle est trop élégante pour moi ; elle n'est pas faite pour être la femme d'un campagnard, d'un vigneron. Par moments, il me semble qu'elle est à portée de ma main, que je n'aurais qu'à allonger le bras pour la prendre ; l'instant d'après, je la vois dans un éloignement qui m'effraye, me serre le cœur, il y a la terre entre nous.

M. Havenne est un vilain sournois. Il s'est dit : « Ce garçon a la fatuité de croire qu'il me fait peur ; je lui prouverai qu'il n'est pas dangereux. Viens, mon ami, entre, furette, tourne autour de mon bien ; tu t'en iras avec ta courte honte. »

Et pourtant... ce matin, quand je suis arrivé, elle se promenait sur la terrasse, seule avec son corbeau. Au bruit de mon pas, elle s'est retournée et elle a rougi. Oui, je l'ai vue rougir... Je donnerais une de mes vignes pour en être sûr.

XXVIII

C'EN est fait, je ne raisonne plus. Je veux l'avoir, il me la faut, je l'aurai. Sylvain Berjac est doux, mais têtu.

J'ai fini mon arpentage ; je n'ai plus rien à faire à Cloville. J'y suis allé tantôt ; mes pieds ont appris ce chemin et ne veulent plus le désapprendre. Pendant le déjeuner, Mlle Louise représenta à son père que le temps était doux, gris et comme fait exprès pour aller herboriser dans la campagne. Elle avait raison : ni pluie, ni vent, ni soleil, un vrai temps de demoiselle. Cet homme désolant, au noir sourire, en convint, et m'offrit gracieusement de me mettre de la partie. Jamais proposition ne me fut plus agréable, je l'aurais volontiers embrassé. Il me semblait écrit au ciel que, pendant qu'il s'occuperait à chercher ses petites plantes, je trouverais plus d'une fois l'occasion de causer seul à seule avec Mlle Louise ; je comptais sur l'excitation de la marche, sur le grand air libre des champs pour dénouer ma langue, pour m'inspirer de l'audace ; j'étais résolu à parler, à m'expliquer, à tout oser. Je crois que ce maudit homme lit dans ma tête. Il décida dans son cœur qu'il n'en serait rien, que je n'aurais pas cette joie, qu'on n'herboriserait point, qu'il mettrait ma patience à une dure épreuve.

En sortant de table, il m'emmena au fond d'une tonnelle où il aime à prendre son café. Il s'installa le plus commodément qu'il put dans une sorte de chaise longue ou de dormeuse, qu'il pensa faire chavirer en s'y allongeant, et que j'entendis plus d'une fois gémir sous cette masse de plomb qui l'écrasait. Puis il bourra sa pipe d'écume, l'alluma et me dit :

— Monsieur Berjac, j'ai découvert avec plaisir que vous avez le goût des recherches philosophiques, des questions abstruses. C'est la marque d'un esprit solide ; *macte nova virtute, puer !* Il est bon de savoir ce qu'on est, d'où l'on vient, où l'on ira, ce qu'on deviendra. Mais, je vous prie, ne croyez pas aveuglément aux almanachs de votre ami, M. Blandol ; défiez-vous de son droit naturel et de sa déesse Mylitta. Cela pourrait vous mener loin, et votre réputation en souffrirait.

Je me hâtai de l'interrompre, de lui protester chaleureusement que Théodule ne m'avait point converti au culte de la grand déesse, que j'avais une façon beaucoup plus bourgeoise d'entendre la vie, que j'envisageais le mariage comme la plus respectable des institutions.

— A la bonne heure ! me dit-il, me voilà rassuré. Le mariage et les idées bourgeoises ont du bon. Ce n'est pas au moins que tout soit faux dans les théories de votre Anglais, de votre sir John, que le diable emporte ! Les lunatiques ont quelquefois des clartés, et j'incline à penser comme lui que les premières sociétés humaines ressemblaient singulièrement à des troupeaux. Mais qu'il ne me vante pas

les délices de son âge d'or ; c'était l'âge de la peur,
de l'antique épouvante. Tout était en proie, on avait
guerre avec tout le monde, on ne connaissait d'autre loi qu'une loi de sang et de rigueur. Le gorille,
assez puissamment armé pour suffire à sa défense,
vit en famille ; il se sent de force à se faire respecter. Les singes de moindre taille, suppléant à leur
faiblesse par leur prudence, vivent en peuplades ;
qui attaque le plus petit d'entre eux se met toute
la bande sur les bras. Représentez-vous un primate
plus faible que tous les autres et doué d'un cerveau beaucoup plus actif. Aux ennemis, aux dangers
réels qui le menacent, ajoutez ceux que lui peint sa
chienne d'imagination, qui est la faculté de voir tout
ce qu'on pense. Sa raison sommeille encore, il ignore
les effets et les causes, l'univers ne lui a pas dit son
secret. Il sent rôder dans la nuit qui enveloppe ses
pensées des puissances malfaisantes, dont il déjoue
les complots par des abracadabras, des manitous et
des fétiches. Les morts eux-mêmes sortent de leurs
tombeaux pour le tourmenter dans ses rêves ; il
dispute sa vie à ses ennemis et son âme à ses fantô-
mes. L'homme primitif avait peur de tout ; on peut
dire de lui, comme du lièvre de la fable, que cet
animal était triste, que la crainte le rongeait :

Un souffle, une ombre, un rien, tout lui donnait la fièvre.

Monsieur Berjac, passez-moi l'expression, le meilleur remède à la peur est de se mettre en tas, et
c'est l'origine des sociétés. Si vous voulez voir clair
dans les choses de ce monde, posez en principe que
toutes les origines sont basses, que tous les commen-

cements sont humbles et petits, que tout papillon
a sa chenille, qu'il faut ramper longtemps pour acquérir le droit d'avoir des ailes. Monsieur Berjac,
vous avez appris le latin : *Omnis origo pudenda*.
L'homme primitif, poltron comme un lézard, cher-
cha sa sûreté dans l'association, dans la vie en commun avec d'autres êtres semblables à lui, exposés
aux mêmes périls, sujets aux mêmes hasards, et,
sacrifiant ses aises à son besoin, il fit à la communauté qui le protégeait l'entier abandon de sa personne. Simple usufruitier, il ne possédait rien : terres, femmes, enfants, tout appartenait à la tribu.
Mais, à mesure qu'il se remettait de ses effarements,
il lui parut que la prime d'assurance qu'il s'enga-
geait à payer était trop forte et hors de proportion
avec les risques à courir ; il demanda du rabais. Sa
curiosité s'était éveillée, il avait démêlé certains effets et certaines causes, il commençait à raisonner,
et la raison, c'est le calme. Après avoir adoré les
astres, dieux nomades, agités et vagabonds, qui, lui
imposant leur loi, lui commandaient d'errer comme
eux sans jamais reposer sa vie, il s'était fait des
dieux tranquilles et assis, qui l'autorisaient à s'asseoir. Il avait profité de ses premiers loisirs pour
réduire en servitude quelques-unes des forces de la
nature, pour contraindre le vent, le feu, à travailler
pour lui. Le jour où il inventa l'outil, il conçut une
haute idée de son destin ; l'esclave avait passé maître. Dès lors, l'inquiétude du désir et de la fierté
prévalut sur la peur. Sans rompre les liens qui l'u-
nissaient à ses compagnons de fortune, il les relâcha,
il allongea sa laisse, il voulut s'appartenir un peu
plus, jouir de lui-même, sentir sa liberté et procurer

à son cœur l'orgueilleux plaisir de posséder ce qu'il aimait. Dorénavant, comme l'a dit un vieux poète grec, chaque homme eut sa maison, son bœuf et sa femme. La propriété est le signe visible de la personne. Il ne nous suffit pas d'exister ; nous avons besoin de démontrer notre existence aux autres et à nous-mêmes, et il nous semble que qui n'a rien n'est rien. Si l'on ôtait à M. Berjac ses vignes, dont il est si fier, M. Berjac se sentirait fort diminué, fort amoindri ; il se plaindrait qu'il n'a plus sa place au soleil, et du même coup on le priverait de plusieurs de ses vertus, car il en faut pour conserver ce qu'on a.

— Vous parlez d'or, cher monsieur, lui dis-je ; mais, si je ne me trompe, mademoiselle votre fille est sous les armes.

Debout à l'entrée de la tonnelle, son ombrelle à la main, elle semblait attendre avec une impatience presque égale à la mienne la fin d'un discours qui ne finissait pas.

— Partons-nous ? demanda-t-elle.

— Tout à l'heure, ma chère enfant, lui répondit son insupportable père. Je me sens en veine d'éloquence, et M. Berjac paraît m'écouter avec un extrême plaisir... Mais ne reste pas là, ma mignonne, tu nous causerais des distractions, tu nous dérangerais. Les femmes, comme il le disait tantôt, sont des êtres dérangeants.

— Je vous prie de croire, mademoiselle, m'écriai-je, que ce n'est pas moi qui le dis.

— Ou fort troublants, si vous l'aimez mieux, reprit-il de sa voix de fausset, aussi aiguë qu'une pointe d'aiguille.

Elle s'éloigna. Je m'étais levé, mon tyran m'obligea de me rasseoir, et, après avoir rallumé sa pipe :

— Où en étais-je ? Je vous disais que science, religion, art, industrie, société, c'est la peur qui a tout créé. J'ajoute qu'ayant créé la société, elle a du même coup créé la morale ; car, pour avoir une morale, il faut avoir des relations et des liens de droit. Otez Vendredi à Robinson, et Robinson ne sera plus tenu à rien qu'à s'entretenir frais et gras, et l'embonpoint n'est pas une vertu ; tout au plus aura-t-il envers son perroquet des devoirs de fantaisie. L'homme ne devient un être moral que lorsqu'il fait partie d'un tout dont il dépend et dont il partage les destinées. Jusqu'à ce jour, il ne connaissait que ses besoins, ses appétits ; il disait : moi, il commence à dire : nous, et il doit accommoder son bien propre au bien commun. Le bonheur de tous ne s'accorde pas toujours avec mon bonheur personnel. Pour que la communauté prospère, il faut que les individus qui la composent refusent quelque chose à leurs passions ; il faut même qu'ils soient prêts à sacrifier, dans l'occasion, leur vie à cet être abstrait qu'ils appellent leur tribu ou leur pays et qui est leur grand moi. Les Achille s'exécutent de grand cœur, mais tout le monde n'est pas Achille. Pour avoir raison des réfractaires, la communauté institue des peines ; elle contraint, elle châtie. Je vous l'ai dit, monsieur Berjac, toutes les origines sont basses. La crainte du châtiment a été le commencement de la sagesse, et c'est encore la peur qui a développé dans l'homme la plus noble des habitudes qu'il puisse contracter, l'obéissance volontaire à une règle qu'il n'a pas faite. Mais n'oubliez point qu'en nous imposant des obligations, la société nous confère des droits, qu'elle établit notre compte par doit et avoir. Le respect du droit d'autrui s'appelle la justice ; l'attachement passionné à son propre droit s'appelle l'honneur, et l'honneur et la justice, la justice et l'honneur, voilà toute la morale.

Je me gardais de l'interrompre, ne voulant lui fournir aucun prétexte d'allonger son discours.

— Vous n'avez point d'objections à me faire ? me dit-il.

— Pas la moindre, me hâtai-je de lui répondre.

— Permettez, reprit-il. Si l'honneur, pourriez-vous me dire, ne consiste qu'à aimer et à défendre son droit, comment devient-il un principe de vertu ? Voici ma réponse, et je vous prie d'en peser tous les termes : l'honneur nous pousse à faire plus que notre devoir pour accroître nos droits et surtout pour acquérir le plus précieux de tous, le droit au respect. Du moment que l'homme vit en société, il se sent regardé, et les yeux des témoins de ses actions sont des miroirs où il aime à se voir en beau. Pascal l'a dit, « nous voulons vivre dans l'idée des autres d'une vie imaginaire, et cette vie imaginaire, nous travaillons incessamment à la conserver et à l'embellir ». A la crainte du châtiment l'homme social joint la crainte du reproche, la peur du mépris. Il s'exerce à la pratique des vertus que la communauté honore parce qu'elle y trouve son profit. Après les avoir aimées pour la gloire qu'elles lui rapportent, il finit par les aimer pour elles-mêmes, comme nous aimons les endroits où il nous est arrivé quelque chose d'agréable, et l'honneur, qui n'était d'abord qu'un ardent désir d'être honoré, devient bientôt un besoin impérieux de s'honorer soi-même. Ma fille n'aimait pas la musique ; elle a appris le piano pour me faire plaisir, elle en joue aujourd'hui parce qu'elle y trouve sa joie. C'est l'histoire de l'honneur.

Je ne sais ce qu'il ajouta. J'eus une absence. L'être troublant se promenait aux abords de la tonnelle ; j'écoutais le bruit léger de ses pas, le frôlement de sa robe contre le mur de verdure qui nous séparait. M. Havenne me tira de ma rêverie en me criant du haut de sa tête :

— Monsieur Berjac, s'il est permis de connaître vos goûts, laquelle préférez-vous de toutes les vertus ?

Je fus tenté de lui répondre : « Les vertus que je préfère sont les vertus aimables que vous n'avez pas. » Mais les Jacob ménagent toujours beaucoup les Laban.

— Mon père, lui dis-je, avait une maxime. Il disait souvent : « Paye à chacun son dû et fais toujours le dû de ton office ; si tu as du temps de reste, donne-le aux vertus brillantes, mais tout ce qui brille n'est pas or. »

— Votre père, monsieur Berjac, était un homme d'un grand sens. La vertu consiste à faire, sans trop de répugnance, des choses désagréables, et, de toutes les vertus, la plus désagréable à pratiquer est assurément la justice. Les grands dévouements que l'honneur inspire, la libéralité, la bravoure des preux trouvent leur récompense dans l'admiration et dans les regards du monde. Le juste n'est admiré de personne ; on ne lui fera point d'épitaphe. On se contente de dire : « C'est un bon garçon, qui fait son devoir. » Cela ne s'écrit pas sur un tombeau... Eh !

messieurs, vous en parlez à votre aise. Pour être
juste une fois seulement dans sa vie, il faut morti-
fier sa nature et ses membres mortels, et ce n'est
pas un ouvrage facile. Tel homme au cœur généreux
et aux mains donnantes est incapable de payer ses
dettes, fraude ses créanciers ou le fisc ; tel autre,
qui est un incomparable ami, traite tous ses ennemis de vils coquins, et vous ne lui persuaderez jamais qu'ils aient quelquefois raison contre lui. La
justice est la vertu humble, ingrate et amère, la
vertu sans gloire comme sans volupté, et cependant,
qu'elle vienne à manquer, tout manque. C'est le roc
où les sociétés assoient leurs fondements, et si le
roc se crevasse, la maison s'écroule... Votre jeune
ami le blondin, qui joue si bien de la flûte, se mo-
querait de nous. Il nous dirait : « Belle vertu que
votre justice, qui varie d'âge en âge ! » Eh ! oui,
j'en conviens, elle a revêtu dans ce monde d'étranges figures. Avant qu'on eût inventé le mariage,
j'en tombe d'accord, le voleur n'était pas l'homme
qui enlevait la femme de son voisin, mais le voisin
qui prétendait retirer sa femme de la circulation,
la garder frauduleusement pour lui, au préjudice
de la communauté. L'honneur aussi a souffert bien
des changements. La gentille princesse Capéou a le
sien, qui consiste à regarder la retenue, la modestie,
la pudeur comme un manque de bonne grâce, comme
un tort qu'on fait à l'étranger qui passe. Achille
était aussi jaloux de son honneur qu'a pu l'être aucun baron féodal ; mais il aurait cru se déshonorer
en prêtant foi et hommage à Briséis, en combattant
et en mourant pour sa dame. Un poète persan a
dit : « Frapper du pied celui qui est à terre n'est

pas d'un homme ; si tu prends sa main, tu es un
homme. » Il fut un temps où prendre la main d'un
ennemi passait pour un crime de lèse-patrie ; on le
tuait, on lui mangeait le cœur pour s'incorporer son
courage et le mettre au service du grand moi. Eh !
vraiment oui, la morale a souvent changé de visage.
Modifiez le régime de la propriété et de la famille,
vous modifiez tout le système de nos devoirs. Si
M. Berjac, contrairement à ses expresses déclarations, violait le vœu qu'il a fait de ne jamais se
remarier...

Je me sentis rougir ; je ne m'attendais pas à cette
botte.

— Monsieur, lui dis-je tout interloqué, où prenez-
vous que j'aie fait le vœu ?... Il ne me souvient
pas...

— Le docteur Hervier est un indiscret, poursuivit-il. Mais ne nous écartons pas de la question. Je
vous disais, par manière d'hypothèse, que si jamais
M. Berjac faisait la sottise, l'insigne sottise de se
remarier, il aurait envers la seconde Mme Berjac
d'autres devoirs qu'un Turc polygame envers son
harem. Monsieur Berjac, mettez-vous dans la tête
que la morale est l'esprit des institutions, et que
les institutions évoluant sans cesse, la morale les
accompagne dans leurs métamorphoses. Mais, dans
tous les temps, l'homme a reconnu une justice ; toutes les sociétés, même sauvages, ont eu leur code
de l'honneur, toutes ont établi la grande distinction
du licite et de l'illicite, de l'honnête et du malhonnête, et infligé des flétrissures à l'homme incapable
de règle. J'en conclus que l'homme est né pour l'ordre, qui est la loi naturelle de la vie... Vous direz

cela de ma part à votre blondin ; il y trouvera peut-
être quelque réponse, entre deux airs de flûte.

En cet instant, Mlle Louise reparut à l'entrée de
la tonnelle.

— Il se fait tard, dit-elle ; décidément, nous ne
partons pas ?

— Tu es insupportable, ma chère ; tu vois comme
nous sommes occupés... Ma mignonne, continua-t-il
en changeant de voix, la partie n'est que remise.
Nous irons demain chercher nos plantes, toi et moi,
tête à tête, bien gentiment. Ce jeune homme nous
gênerait beaucoup ; la botanique ne l'intéresse guère.
A-t-il jamais examiné à la loupe une glumelle de
graminée ?

— Soit ! dit-elle en s'inclinant d'un air de résignation mélancolique.

Je la vis s'éloigner lentement le long de l'allée
et rentrer à la maison pour y déposer son chapeau,
son ombrelle, sa boîte de fer-blanc. Un instant, je
l'aperçus à la fenêtre de sa chambre ; elle regardait
les nuages, sans doute pour les prendre à témoin
des mécomptes que lui causait le capricieux despo-
tisme d'un père. Peu après, elle redescendit au jardin, nu-tête, et se dirigea de notre côté. Tout à coup
elle s'arrêta, leva les yeux, sembla considérer avec
une attention soutenue je ne sais quoi qui se passait
entre ciel et terre. Sa figure devint grave ; elle s'in-
terrogeait, tenait conseil avec elle-même, puis elle
tourna les talons et disparut.

Pendant tout ce temps, je n'avais pas saisi un mot
du nouveau discours que venait d'entamer M. Havenne. Quand je revins à moi, je l'entendis s'écrier :

— Le docteur Hervier et votre gros Anglais, au

teint vermeil, s'abusent tous les deux, chacun à sa manière. *Omnis origo pudenda*. La bête est le commencement de l'homme tout entier, y compris ce qu'il a de meilleur aussi bien que ce qu'il a de pire, et, sages ou fous, héros ou libertins, nous retrouvons en elle la première ébauche, le rudiment de toutes nos vertus comme de toutes nos passions, de toutes nos grandeurs comme de toutes nos misères.

Je lui en voulais ; il m'avait privé méchamment d'une promenade dont je me promettais de vifs plaisirs. J'étais résolu désormais à le contredire en tout et sur tout.

— Vous croyez donc à la vertu des bêtes ? lui dis-je sur un ton d'ironie. Grand bien vous fasse ! Sans doute vous allez me vanter les délicatesses de cœur des escargots, l'exquise sensibilité des araignées. C'est un beau thème à développer, et je sais des gens qui ne s'en privent pas. Tirez, tirez ; rengainez. Je n'ai jamais observé à la loupe une glumelle de graminée ; mais j'ai du bon sens, je me défie des contes de ma mère l'Oie, et je n'aime pas qu'on m'en fasse accroire. Un illustre naturaliste prétend avoir vu des corbeaux indiens occupés à nourrir à leurs dépens deux ou trois de leurs compagnons aveugles. A beau mentir qui vient de loin. Tirez, vous dis-je, les yeux de Sylvain Berjac en valent d'autres, et je vous jure que quand deux canards se battent et que le plus faible vient à saigner, toute la bande accourt pour le manger : c'est une petite fête que ces palmipèdes sont heureux de donner à leur cœur très sensible.

Il riait sous cape, ravi de m'avoir vexé, chagriné.

— Ne vous fâchez pas, me dit-il avec un accent

débonnaire ; de grâce, monsieur Berjac, calmez-
vous ; on n'en veut pas à votre bourse, ni à votre
vie... Monsieur Berjac, je vous prie, ne roulez pas
ainsi les yeux, vous me faites peur. Je suis un homme
accommodant, je ne vous vanterai pas la sensibilité
du canard ni d'aucun animal. C'est un article qu'il
ne tient pas dans sa boutique, l'animal est cruel,
et ce qui reste en nous d'inhumain nous vient de
lui... Voyons, suis-je gentil ?... Il m'en coûte peu
de vous avouer que la compassion, la pitié, la sainte
miséricorde est le plus jeune, le plus moderne de
nos sentiments et demande, pour se développer, une
sûreté dans les relations, une douceur de mœurs
qui, je le dis à regret, ne va pas sans quelque affai-
blissement des caractères. Il faut aussi que la religion et la philosophie s'en mêlent, l'une persuadant
aux hommes que l'humanité est une famille et le
malheureux un être sacré, l'autre leur enseignant
la solidarité de toutes les destinées. L'animal, qui
n'a ni religion ni philosophie, est dur à lui-même,
dur à ses semblables. Mais concédez-moi, en revanche, que la dureté de l'âme n'empêche pas d'être
juste et d'avoir de l'honneur. Vous êtes convenu
que, pour avoir une morale, il faut vivre en société.
Examinez, s'il vous plaît, les sociétés d'animaux.
Vous vous défiez des voyageurs ; ils ne mentent pas
tous, et les plus dignes de foi s'accordent à reconnaître qu'un babouin, chef de bande, est capable
d'exposer sa vie pour défendre contre les chiens qui
les traquent les femelles et les jeunes confiés à sa
garde. Cela ne prouve-t-il pas que, sans être un pa-
ladin de la Table-Ronde, un babouin peut avoir de
l'honneur ? Mais surtout, puisque M. Berjac a de

bons yeux, qu'il daigne s'en servir pour observer
un peu ce qui se passe dans une fourmilière. Où
trouvera-t-il une plus exacte distribution des services et des droits, une discipline plus rigoureuse,
une fidélité plus inviolable aux devoirs les plus re-
butants, une pratique plus assidue de toutes les
vertus qui ont une saveur austère, un sacrifice plus
généreux de l'individu au bonheur de la chose pu-
blique ?... M. Berjac m'objectera peut-être que les
fourmis sont vertueuses sans le savoir et sans le vouloir. Eh ! oui, les animaux sont de grands innocents
qui ne savent pas ce qu'ils font ; ils ont l'amour
irraisonné de la raison ou de l'ordre. Ils ont pris
pour leur devise : « Je veux parce que je ne puis
autrement. » S'ils parlaient latin, ils diraient : *Coac-
tus volui*. Mais pourquoi ne pas admirer les vertus
involontaires, fruit d'une destinée ou d'une grâce
divine ? Rien n'est plus admirable que la beauté,
et personne ne s'est donné le visage qu'il a.

Et en parlant ainsi, il se penchait vers moi, comme
pour me faire admirer dans son plein sa large face
de mastodonte.

Il ajouta :

— Monsieur Sylvain Berjac, l'homme qui n'aspire pas à devenir supérieur à la bête, par intervalles du moins, n'est pas un homme. Mais celui qui
prétend ne pas la sentir en lui est un inconscient,
et celui qui la méprise est un hypocrite. Pour moi,
mon opinion bien arrêtée...

Je ne saurai jamais quelle est son opinion bien
arrêtée, il ne put achever sa phrase. Il avait tres-
sailli et quitté brusquement sa dormeuse. On entendait au bout du jardin comme un bruit de tam-

tam. Nous sortîmes de la tonnelle. A quelque cinquante pas de nous, Mlle Louise, debout au pied d'un tilleul, agitait de sa main droite une grosse clef et en frappait de petits coups réguliers contre un arrosoir, qu'elle tenait de sa main gauche.

— Sacrée petite fille ! murmura M. Havenne, qui pâlit d'effroi. Elle ne doute de rien. Un essaim de ses abeilles a déménagé, elle a entrepris de les ramener dans leur ruche.

— Entreprise fort dangereuse ! lui dis-je, il faut bien vite l'en prévenir.

— Il est trop tard, me répliqua-t-il, m'arrêtant dans mon élan.

Et comme il se mêle toujours un peu de colère à toutes ses émotions, il me serra si fortement le bras que j'entendis craquer mes os.

Cependant Mlle Louise continuait sa musique, et le sortilège commençait à opérer. Une à une, puis en troupe, les abeilles descendaient des hautes branches où elles s'étaient réfugiées. Elles venaient se poser sur la tête de la charmeresse et bientôt se suspendirent en grappes à ses cheveux. D'autres, qui résistaient encore et que poursuivait le regret de leur Mont-Aventin, irritées de la violence qu'elle leur faisait, tournoyaient, promenaient leur inquiétude autour de son visage et de ses épaules, remplissaient l'air d'un aigre bourdonnement où se révélait le tourment d'une obéissance forcée, incertaine et chagrine. Lorsqu'elle se flatta d'avoir dompté ces fiertés indociles et rassemblé tout l'essaim, elle se mit en route avec sa charge, à petits pas, ne remuant ni les bras ni les yeux, sa taille mince et un peu raide légèrement penchée en avant. Elle

passa près de nous, sérieuse, attentive comme un
chef d'État qui répond de la destinée d'un peuple.
Jamais cette jeune reine ne m'avait paru si charmante, et je verrai toute ma vie passer et repasser
dans mes rêves cette tête blonde, couronnée d'a-
beilles qui l'enveloppaient de leur bruissement.

Nous la suivîmes de loin, sans dire un mot, sans
faire un geste. Arrivée devant la ruche, elle inclina
son front sévère et demeura immobile. Quand elle
se redressa quelques minutes après, les fugitives
étaient toutes rentrées dans leur maison. Elle nous
rejoignit aussitôt ; elle avait aux lèvres le sourire
de sa victoire.

— Tu es absurde, lui dit son père.

Ce fut tout le compliment qu'elle en tira.

— Regardez, répondit-elle, je n'ai pas une piqûre.

— Oh ! bien, monsieur Berjac, fit-il, croirez-vous
désormais que les abeilles ont toutes les vertus, y
compris les vertus tendres ?

— Je croirai plutôt à la puissance magique de
certain magnétisme, qui triomphe de tout, même
de la colère d'un essaim. Le secret de ce miracle,
c'est la grâce.

— Avec beaucoup de volonté dessous, reprit-il
d'un ton hargneux.

— Eh ! oui, lui dis-je pour tout arranger, mais
une volonté douce.

— Une volonté enveloppée de douceur, ce qui
n'est pas la même chose, répliqua-t-il, en marte-
lant ses mots et me jetant un regard féroce.

... Tu ne réussiras pas à m'inquiéter, Laban aux
noirs sourires, et coûte que coûte, j'aurai ta Rachel.

XXIX

J'AI eu ma revanche. Elle était seule dans son petit salon ; son père était sorti. Elle me dit de l'attendre, qu'il ne tarderait pas à rentrer. Me voilà assis en face d'elle. Nous parlâmes de beaucoup de choses, de beaucoup de gens, et en dernier lieu de Balthazar le vannier.

— J'aime cet ivrogne, lui dis-je ; il est cause que j'ai fait la connaissance d'une personne qui... d'une personne que...

Je cherchais la suite, je ne la trouvais pas. M\ :superscript:`lle` Louise semblait bien aise de me voir si timide, si gauche, si empêtré.

— Achevez donc.

— Non, je n'achèverai pas. Si je disais que cette personne me plaît beaucoup, j'en dirais trop peu, et si j'en disais davantage, je craindrais de la fâcher.

Je vis le rouge lui monter aux joues, mais en même temps je m'aperçus qu'elle souriait ; il y avait de la malice dans ce sourire, et je ne sus plus que penser.

— En effet, dit-elle, la personne dont vous parlez se fâche quelquefois. Il faut être prudent.

De plus en plus embarrassé, je m'accoudai sur la

table ronde qui nous séparait, et comme rien ne me
venait, j'ouvris machinalement un album relié en
peau de chagrin, doré sur tranche. C'était un re-
cueil d'autographes, vers et prose, et dans le nombre
plusieurs étaient signés de noms connus et même
célèbres.

— Voilà une belle page blanche, me dit-elle. Écri-
vez-y quelques lignes. L'abbé Poncel m'assure que
vous faisiez autrefois beaucoup de vers.

Je m'en défendis fort. Je lui représentai qu'une
pareille proposition effarouchait ma modestie, que
ma méchante écriture se sentirait fort dépaysée dans
un si bel album, que mon pauvre nom très obscur
était indigne de figurer à la suite de tel et tel, bref,
tout ce que l'on peut dire dans un vilain cas. Elle
insista.

— Ainsi soit-il ! je vais griffonner ici les derniers
vers que j'aie composés.

— Peut-on savoir la date ?

— Ils ne sont vieux que de quinze jours.

En fin de compte, après avoir tergiversé quelque
temps encore, j'écrivis d'une main tremblante ce
qui suit :

UN CŒUR TROP BIEN GARDÉ

Je connais ici-bas un paradis caché
Dont un ange a la garde et qu'un mur emprisonne.
En rêve un pèlerin l'avait longtemps cherché ;
Mais il lut sur la porte : Il n'entre ici personne.

Au mur, à l'ange, au vent, il contait ses douleurs :
« Ouvre-toi, porte sourde et qu'en vain je supplie !
O doux jardin fermé, qui cueillera vos fleurs ?
O fontaine scellée, où boira ma folie ? »

L'ange avait des pitiés de femme. Il s'attendrit,
Et le pèlerin vit sa peine consolée.
A son désir enfin le doux jardin s'ouvrit,
Et sa folie a bu dans la source scellée.

Debout, derrière moi, elle lisait par-dessus mon épaule.

— Joli, très joli, dit-elle. Mais je ne comprends pas.

— Si vous ne voulez pas comprendre, lui répondis-je d'une voix qui se mourait dans mon gosier, arrachons le feuillet.

— Oh ! point du tout, je comprendrai peut-être un jour ; j'ai l'esprit lent.

Elle ne put rien ajouter, ni moi non plus. L'homme terrible apparut. Il nous regardait, son chapeau sur la tête, immobile sur le seuil ; du premier coup il avait compris qu'il se passait quelque chose : il n'a pas l'esprit lent. Elle avait vivement refermé l'album. Elle le mit sous son bras et traversa la chambre pour sortir. En arrivant près du monstre, elle se haussa sur la pointe de ses pieds et lui planta sur la joue gauche un baiser très sonore. En vérité, il s'était passé quelque chose, elle implorait son pardon.

Avant huit jours, je prendrai mon courage à deux mains, et, au risque de m'étrangler, je prononcerai ces paroles : « Je l'aime, donnez-la-moi. »

XXX

A quoi tiennent les résolutions ! Mais aussi qui pouvait prévoir cet incident ?

Je m'étais rendu tantôt à Cloville, avec le ferme propos de rompre la glace. La femme de charge m'apprit que la maison était vide, qu'on courait les champs, et je me sentis à la fois déçu, chagriné et soulagé d'un grand poids. Les poltrons sont toujours bien aises qu'on leur accorde un sursis ; ils se flattent que le lendemain le courage leur viendra.

Au moment où je rentrais chez moi, je vois Francine traverser rapidement la cour, se précipiter à ma rencontre, la bouche ouverte, l'épouvante dans les yeux.

— Eh quoi ! qu'est-ce donc ? As-tu mis le feu à ta cheminée ?

— Ah ! monsieur, quel événement ! Elle a osé venir, elle est là.

— Mais qui donc ?

— Elle, vous dis-je. Je refusais de la recevoir, c'est M. Blandol qui l'a fait entrer. Il ne faut pas que vous la voyiez ; allez-vous-en bien vite.

Elle essayait de me barrer le passage ; je l'écartai de mon chemin. En ouvrant la porte du salon, j'aperçus l'aimable figure de Théodule, qui, renversé dans un fauteuil, causait sur un ton de familiarité enjouée avec une personne dont je ne voyais que la nuque et le chapeau en forme de casque, décoré d'un fouillis de rubans, de plumes, de dentelles, de fleurs, de feuilles et de fruits que becquetait un oiseau-mouche. Elle tourna la tête ; Francine n'avait pas menti, c'était bien elle. Je demeurai comme stupide ; à la stupeur succéda l'indignation, à l'indignation le violent désir d'expulser incontinent de chez moi la chaste créature qui fut ma femme trois longues années durant. Mais je me dis : « Grâce à Dieu et aux tribunaux, elle n'est plus ma femme ; c'est une étrangère, soyons poli pour l'étrangère. » Je me contins, je fus poli ; je ne la mis pas à la porte, elle et ses fanfreluches.

Mon ahurissement causait un prodigieux plaisir à Théodule, qui, se levant, nous dit de son air pince sans-rire :

— Monsieur et madame, dois-je vous présenter l'un à l'autre ?

— Je crois, dit-elle, que ce serait une formalité inutile.

— En ce cas, reprit-il, je me retire pour ne point déranger indiscrètement votre entretien.

Il s'inclina devant Mme Hermine de Roybaz, et comme Mme Hermine de Roybaz lui tendait la main, il la serra presque tendrement dans la sienne, sur quoi il sortit, après m'avoir jeté un regard où pétillait toute sa facétieuse malice.

Cette femme qui ne sait pas rougir quitta la chaise basse où elle s'était assise. Elle s'étala sur mon sopha, prenant ses aises, déployant ses grâces et son

orgueil, faisant bouffer sa jupe autour d'elle, la face
tournée vers une fenêtre dont elle semblait appeler
toute la lumière sur son visage peint et plâtré, avide
de grand jour. Y avait-il dans le monde assez de
soleil pour éclairer sa glorieuse impudeur ?

— On dirait vraiment, mon cher monsieur, que
vous avez de la peine à me reconnaître.

— Ah ! madame, comment pouvez-vous croire ?...
Il y a des figures qu'on n'oublie point.

Elle s'inclina en signe de remerciement. Le sang
me bouillait dans les veines.

— Puis-je savoir, madame, ce qui me procure
l'honneur de votre visite ?

Elle me répondit, d'un ton nonchalant, qu'elle
allait voir des parents à Angoulême, que, passant
dans le voisinage de Mon-Cep, elle n'avait pu résister au désir de venir prendre de mes nouvelles et
de me donner, par la même occasion, l'assurance
qu'elle ne me gardait pas rancune, qu'elle avait une
âme exempte de vengeance et de tout ressentiment.

— Mon Dieu, oui, pour peu que vous y mettiez
du vôtre, il ne tient qu'à nous de rester bons amis...
Mais, à propos, quel est donc le charmant jeune
homme qui causait avec moi tout à l'heure ?

— C'est un fils unique de grande espérance. Je
veux dire que son père est un riche droguiste de
petite santé, et que pour une femme qui se conten-
terait provisoirement d'espérer, M. Théodule Blandol est un bon parti.

— Merci du renseignement, j'en prends note dans
mon carnet.

— Mais en vérité, madame, vous n'êtes pas étonnée d'être ici ?

— Pourquoi donc ? Ce qui m'étonne, c'est de n'y plus être chez moi. Votre fameuse loi du divorce produit de singuliers effets, crée des situations bien fausses. Il me semblait tantôt que rien ne s'était passé, que cette maison était mienne, que j'avais encore dans ma poche les clefs de toutes ces armoires, que votre cuisinière, mal embouchée, venait me demander mes ordres pour le dîner, et que ce soir nous aurions le plaisir, vous et moi, de jouer ensemble quelques bonnes petites parties de besigue.

— On rêve, lui dis-je, et on se réveille.

Elle me lança un regard agaçant et coquet.

— Convenez que vous vous faites plus méchant que vous n'êtes, que vous vous surprenez quelquefois, de loin en loin, à me regretter.

— Je suis désolé de vous ôter l'une après l'autre toutes vos illusions ; mais je vous jure...

— Ne jurez pas. Vous juriez souvent autrefois ; je me flattais de vous avoir débarrassé de cette mauvaise habitude, car vous avouerez bien que je vous ai rendu plus d'un service, que j'ai travaillé assidûment à faire votre éducation...

Je n'y tenais plus ; ma patience était à bout.

— Croyez, madame, lui repartis-je, que je n'oublierai jamais aucune des obligations que je puis vous avoir ; mais je pense que nous avons tout dit. Souffrez que j'aille à mes affaires et que je vous envoie, pour me remplacer auprès de vous, un jeune homme qui vous paraît charmant et à qui sans doute vous plaisez beaucoup.

Elle changea de visage. Ses yeux verts, ses yeux de chatte mauvaise, sortirent leurs griffes, que je reconnus bien ; elles m'avaient fait jadis plus d'une

estafilade. Le ciel soit loué ! je ne les crains plus ;
je me retirai indemne de cette aventure.

— Je ne sais, monsieur, quelles affaires vous appellent ; mais j'en ai une à régler avec vous. Je suis
venue vous demander compte de certains papiers
que la plus vulgaire discrétion vous obligeait à me
rendre, à moins que vous n'ayez mieux aimé les
détruire, auquel cas j'ai le droit de le savoir.

Il n'est pas de supplice plus cruel pour l'honnê-
teté que d'avoir à rougir devant l'effronterie. Je ne
pouvais me dissimuler que sur un point ma conduite n'était pas sans reproche. Ces lettres que je
n'avais eu garde de produire devant le tribunal,
j'aurais dû me hâter de les restituer ou de les brûler
après le jugement ; je n'avais fait ni l'un ni l'autre,
je les conservais sottement comme des armes qui
pouvaient encore servir après que le débat était
clos et la querelle vidée.

— Je confesse, lui dis-je, qu'une fois dans ma vie,
madame, j'ai eu des torts envers vous.

J'allai prendre une clef dans mon secrétaire, j'ouvris une armoire, j'en tirai un carton soigneusement
ficelé, cacheté, que je déposai dans ses mains, sans
les toucher, en lui disant :

— Veuillez vous assurer que la liasse est au com-
plet.

— C'est inutile ; j'ai douté quelquefois de votre
délicatesse, jamais de votre bonne foi.

Elle s'était levée. Elle déficela le carton, l'ouvrit,
et l'on eût dit qu'elle contemplait d'un œil gour-
mand une bonbonnière bien garnie. Puis elle sortit
les lettres, et je crois, ma parole ! que par bravade
elle se disposait à les feuilleter.

— Ah ! madame, m'écriai-je, ne remuez pas cette boue.

Elle haussa les épaules et me répliqua sur un ton de hautain défi :

— Vous êtes un pédant.

Je la saluai jusqu'à terre en disant :

— Je serai tout ce qu'il vous plaira !

— Oui, vous êtes un pédant, et c'est là la cause unique de toutes les petites difficultés qui ont pu survenir entre nous. Je ne demandais pas mieux que de vous aimer ; je m'y suis appliquée, la grâce m'a fait défaut. Mi-rustre, mi-bourgeois, des commencements sans suite, une éducation manquée, quelque étude, quelque littérature, mais point de monde, voilà l'homme que j'avais épousé. Mon Dieu ! je ne nie pas vos qualités, vos bonnes intentions, et j'ajoute que quand vous vous soignez, tel que vous voici, vous êtes un assez beau garçon. Mais qu'y avait-il dessous ? Un paysan mal décrassé, et il faut bien qu'une fois ou l'autre une femme trouve à employer son cœur... Eh ! vraiment, si vous aviez pris les choses en homme du monde, en homme de tact, si, évitant l'éclat, l'esclandre, les sots tapages, vous aviez montré quelque indulgence pour un entraînement passager, irréfléchi et qui fut bien court, touchée de votre générosité, je vous appartenais pour la vie.

Elle parlait avec une extrême animation, en se trémoussant ; je croyais voir les dentelles de son chapeau se hérisser et son oiseau-mouche danser éperdument sur sa tête.

— Je suis ainsi faite, reprit-elle de sa plus belle voix de perruche acariâtre, que mon cœur n'a jamais su résister aux procédés d'un galant homme. Je vous le dis, je vous le répète, ce sont vos colères de paysan qui ont tout gâté.

— Excusez-moi. Je suis d'une famille où l'on n'est pas fait à certain genre d'accidents, et mon père avait négligé de m'apprendre la philosophie des Dandins. Je confesse que dans cette affaire je ne me suis point conduit en galant homme, si toutefois le devoir d'un galant homme est de prendre facilement son parti d'avoir épousé une femme galante.

— Peste ! fit-elle, vous vous formez, vous avez de la réplique, de la répartie ; je commence à croire que vous fréquentez depuis peu des gens d'esprit, que vous finirez par en avoir... Mais qu'est donc ceci ? ajouta-t-elle en tirant du fond du carton un petit écrin que j'y avais fourré par mégarde.

Cet écrin, dont elle fit sauter le couvercle dans sa hâte, renfermait un portrait en miniature qu'on avait fait d'elle à l'âge de douze ans en costume de communiante. Je ne sais si le peintre avait représenté ce qu'il voyait ou ce qu'il croyait voir : ce frais visage annonçait l'innocence d'une colombe, l'angélique candeur d'une âme de vierge sans tache, plus blanche que sa robe blanche et que la mousseline immaculée de son voile.

— Ce portrait a-t-il jamais été ressemblant ? lui demandai-je.

— Il l'est encore. N'est-il pas joli ?

Et, pour me le faire mieux voir, elle se pencha vers moi : je sentis son souffle courir sur ma joue, je reculai de deux pas.

— Puis-je l'emporter ? dit-elle. Tenez-vous à le garder ?

— Madame, emportez-le ; il faut savoir faire des sacrifices à ses amis.

Elle glissa l'écrin dans sa poche ; puis elle s'approcha de la cheminée, s'accroupit devant le foyer, défit le paquet de lettres, les déplia pour qu'elles se consumassent plus vite, les disposa artistement par étages, prit une allumette, la frotta, mit le feu à son petit bûcher, souffla, attisa, et, en peu de temps, ces merveilles de littérature érotique ne furent plus que cendre et fumée. La fumée s'échappa par la cheminée et s'en alla rejoindre le vent ; la cendre me resta, mais il y a des balais à Mon-Cep.

Après s'être relevée, elle se planta devant la glace pour faire à sa toilette quelques retouches. Je la regardais, elle se persuada qu'après une longue résistance, je m'étais laissé reprendre, que j'éprouvais un repentir accompagné d'un commencement d'extase.

— Ma robe vous plaît ?... Elle est fort bien, n'est-ce pas ? La mode, cette année, est au foulard de l'Inde. C'est l'étoffe d'été par excellence, ne se chiffonnant pas et ne se tachant pas à l'eau. Aimez-vous cette nuance gris feux-follets ?

— Elle vous sied à ravir.

— Et mon chapeau, qu'en pensez-vous ?

— A ne vous rien cacher, il me semble un peu trop chargé.

— Vous préférez un bonnet à la paysanne... Allons, soyez de bonne foi : vous ne me regrettez pas ?

— Madame, en partant, vous me laissez un poignard dans le cœur ; mais le paysan mal décrassé est devenu très philosophe.

Elle reconnut son erreur et que la place était imprenable. A mon vif soulagement, elle se dirigea vers la porte à pas comptés. Avant de l'ouvrir, elle se retourna.

— Il faut que vous en preniez votre parti, cette maison me sera toujours de quelque chose. Je l'appellerai jusqu'à la fin : « Notre maison. »

— C'est vraiment trop d'honneur que vous lui faites.

— Quand vous remariez-vous ?

— Je ne sais trop. Vous êtes une femme si difficile à remplacer !

— Consultez-moi ; vous savez que dans les grandes circonstances je suis de bon conseil.

Elle parcourait du regard mon salon, qui était encore son salon, comme pour lui faire ses derniers et suprêmes adieux.

— Dès le lendemain de notre mariage, dit-elle toujours, je vous avais prié de changer ce papier jaune à petits bouquets, qui serait bon tout au plus pour une salle d'auberge. Me permettrez-vous de vous envoyer d'Angoulême une jolie tenture à mon goût ?

— Ne prenez pas cette peine. Je suis certain d'avance que votre goût ne serait pas le mien.

Elle avait perdu son pari, échoué dans son audacieuse entreprise ; elle se décida enfin à vider les lieux. Je la reconduisis jusqu'à la première marche du perron. Alors, haussant assez la voix pour être entendue non seulement de mon coq et de mes poules qui la regardaient à travers le treillage de leur poulailler, mais de mes lapins, de mes pigeons, de mon chien, de ma chatte, d'un ouvrier bourrelier

occupé à rapetasser un harnais, et de Francine, la
biblique, laquelle, réfugiée sous un hangar et se serrant contre la muraille, écarquillait les yeux pour
tâcher de découvrir comment sont bâtis les pieds
d'une créature perverse que possède l'esprit malin :

— J'en suis pour ce que j'ai dit, s'écria-t-elle.
Mon cher, vous n'êtes qu'un pédant !

Et elle traversa la cour, le front sourcilleux, l'œil
superbe, se carrant dans son impériale majesté, écra-
sant de son mépris les êtres infimes qui l'entouraient
et qu'elle entrevoyait vaguement du haut de sa
gloire et de trente-deux années d'incorruptible vertu.

L'instant d'après, Francine me rejoignait au salon, armée d'une énorme pelle, qu'elle avait fait
rougir au feu et abondamment saupoudrée de sucre
pilé.

— Qui pourrait croire que cette créature ose appeler monsieur « Mon cher ! » s'écriait la bonne vieille.
Le tribunal le lui a-t-il permis ? C'est donc écrit
dans le jugement ! Oh ! ces juges !

Elle promenait sa pelle et son sucre dans tous les
coins pour désinfecter une maison que Mme Hermine de Roybaz avait imprégnée, disait-elle, d'une
odeur de soufre et de diable. Je crois en vérité que
Mme Hermine de Roybaz n'avait laissé derrière elle
qu'une forte et pénétrante odeur de musc et de
benjoin. Sa passion déréglée pour les parfums m'a
procuré jadis plus d'une migraine.

Sur ces entrefaites, survint Théodule, qui ne s'est
jamais fait conscience d'écouter aux portes.

— En toute sincérité, me dit-il, elle n'est pas
belle ; mais elle a le don de fascination, d'ensorcel-
lement, beaucoup de *conjungo* dans l'œil et cette

fièvre du regard qui promet à ceux qui s'y connaissent toutes les délices du septième ciel.

— Qu'à cela ne tienne, mon ami ! Libre à toi de l'épouser, tu as fait sa conquête. O le joli couple ! je veux être votre témoin.

— Eh ! qui parle d'épouser, pédant incorrigible ?

XXXI

La visite de cette femme m'a laissé une sinistre et ineffaçable impression. Pourquoi donc est-elle venue, cette corneille de malheur ? Tous mes souvenirs se sont réveillés, j'ai la tête pleine de revenants. Oui, je l'ai revue ; j'ai coudoyé cette audace, cette effronterie s'est assise sur mon sopha, cette impudence m'a parlé, j'ai senti son haleine courir sur ma joue. Je cherche à n'y plus penser, j'y pense toujours. Belle invention que celle de Francine ! A quoi m'ont servi sa pelle et son sucre ? L'odeur de cette femme est restée dans ma maison ; je respire et j'emporte partout avec moi le parfum de son musc et de sa chair, et je ne puis arracher son visage de mes yeux. Quel visage ? Le plus répugnant de tous et le plus redoutable, celui d'une bête qui a de l'imagination.

Je ne sais vraiment plus où j'en suis. Hommes, femmes et choses, tout me semble douteux, suspect... Qui me délivrera de ces doutes qui me mangent ?... Assurément, les colombes ne ressemblent pas aux corneilles. Mais, dans sa première jeunesse, lorsqu'on fit son portrait en miniature, Mme de Roybaz était une colombe, et, le jour de mon mariage, je pensais épouser une vertu.

Je ne sais pas déchiffrer les figures, je n'entends finesse à rien... Non, mille fois non ! je ne connais pas Mlle Louise Havenne. J'en suis très amoureux, elle est charmante, elle apprivoise les abeilles. Cela prouve-t-il qu'elle n'est pas rusée, personnelle, artificieuse, intéressée ?... Ne serait-ce point à mes vignes qu'elle en a ?

« Une volonté enveloppée de douceur ! » disait son père sur le ton d'un sage qui donne un avertissement à un fou. Soumettre sa vie aux hasards d'une volonté de femme, c'est jouer son va-tout.

Je suis encore maître de ma décision. Je me croyais lié par les vers que j'ai écrits dans son album ; son refus de comprendre m'a délié. Je dois éviter à tout prix de la revoir... Je veux réfléchir, me remettre de cette secousse. Il faut que je m'éloigne quelque temps.

Pourquoi cette horrible femme est-elle venue ? Son visage se mêle à toutes mes pensées pour les souiller et les salir.

XXXII

Pour la première fois de ma vie, les circonstances
me viennent en aide. Un congrès régional de viticulture s'ouvrira dans huit jours à Bordeaux. On me
pressait de m'y rendre ; j'avais refusé, j'accepte.
C'est un prétexte bien trouvé. J'ai écrit un mot à
M. Havenne ; je lui annonce mon départ ; je lui
donne à entendre que mon absence se prolongera.

J'espérais profiter de cette occasion pour me dé-
livrer de l'indiscret Théodule, qui s'enracine chez
moi et compte, je crois, y finir ses jours.

— Va-t'en à tes affaires, m'a-t-il dit. Ne te gêne
pas, ne te fais aucun scrupule à mon sujet ; je ne
crains pas la solitude. Tu laisses ici ta cuisinière ?
c'est l'essentiel. Pars, mon petit vieux ; je resterai
pour garder ta maison ; ce sont là des services qu'on
se rend volontiers entre amis.

— Je lui en ferai tant, me disait Francine, que
ce pique-assiette finira bien par déloger.

— Ménage-le, lui ai-je répondu ; sois patiente,
débonnaire. Plus j'avance dans la vie, plus je me
convaincs que nous ne sommes pas dans ce monde
pour nous y amuser.

Oui, je pars et je m'enfuis et je renonce à celle
que j'aime... Maudite créature, tu m'as bien fait
souffrir, mais jamais autant qu'aujourd'hui !

XXXIII

J'ai bien fait de partir. Grâce aux distractions forcées du voyage, au mouvement, au changement
d'air, à la nouveauté des lieux, des objets et des
figures, je me sens mieux ; je serai bientôt en état
de raisonner. Dans la précipitation du départ, je
m'étais trompé sur la date du congrès ; je viens
d'apprendre qu'il ne s'ouvrira que dans deux semaines. J'irai me promener dans la vallée de la
Dordogne, et je prendrai le chemin de l'école pour
arriver à Bordeaux. Je passerai par Cahors, par
Agen, en m'arrêtant partout. Un homme qui a son
problème à creuser ne craint pas les longs circuits.

XXXIV

L<small>E</small> probable et le certain ! Il est certain que deux
et deux font quatre, que l'eau mouille, que le feu
brûle. Il est probable que Jalizert me rendra un
jour mon argent, dont il ne me sert qu'un intérêt de
trois pour cent. Il est probable que le cultivateur
qui améliore sa terre par des amendements et des
fumures en augmentera le rapport. Il est probable
que, cette année, mes vignes... Mais si la grêle survient, adieu la récolte ! Cela ne m'empêche pas de
les soigner, comme si j'étais certain qu'elles me ré-
compenseront de mes peines et de mes dépenses.
Ma sœur se condamne à une vie fort ennuyeuse
dans l'espérance de travailler ainsi à sa félicité éternelle. Elle se croit assurée que les gens qui s'ennuient
volontairement ici-bas seront parfaitement heureux
dans un autre monde ; au fond, elle n'en est qu'à
peu près sûre, et dès qu'il y a de l'à peu près, il n'y
a plus de certitude. Le certain est rare, et les trois
quarts de nos actions bonnes ou mauvaises sont
fondées sur le calcul des probabilités et des chances.
Ne cherchons pas à démontrer l'indémontrable ; exiger des certitudes, c'est se condamner à ne rien
faire, et l'homme est né pour agir, pour oser, pour
hasarder quelque chose.

XXXV

Il faut savoir profiter de ce qu'on entend et de ce qu'on lit. Si la morale, pour parler comme M. Havenne, est l'esprit des institutions et d'âge en âge se transforme à leur ressemblance, ne peut-on pas concevoir que chaque génération produise en plus ou moins grand nombre des êtres mal conformés, des monstres au sens scientifique du mot, qui, par un mystère d'hérédité ou d'atavisme, ont l'esprit des institutions d'autrefois et dont la morale retarde de quelques milliers d'années sur la nôtre ? Certains enfants semblent venir au monde avec le génie et la fureur du vol ; quoique nés dans ce siècle, ils datent d'une époque où l'on ne distinguait pas le tien du mien. Certaines femmes se donnent au premier venu ; elles aiment tous les hommes, bruns ou blonds, sauf leur mari ; elles représentent par leurs instincts une société disparue, qui ne connaissait que le mariage à terme.

Les éleveurs font peu de cas du mouton noir et de sa laine ; ils l'empêchent de se reproduire ; ils se donnent des peines infinies pour l'éliminer, pour le faire à jamais disparaître. Un retour fatal vers le passé, souvent plus fort que la loi du progrès, rend leurs tentatives inutiles. Le mouton noir reparaît toujours, chaque troupeau a le sien.

C'est un mouton noir que l'enfant qui ne peut s'empêcher de voler ; c'est une brebis noire que Mme Hermine de Roybaz, et Sylvain Berjac est un imbécile qui brouille toutes les couleurs et ne sait pas distinguer le noir du blanc.

XXXVI

J'ai honte de moi-même, honte de ma sotte conduite, de mon départ précipité, de ma lâcheté im-
prudente. A quelle inspiration ai-je donc obéi ? Mes
nerfs étaient malades ; j'étais comme affolé. J'avais
revu cette femme, revu l'instrument de mon long
supplice, et, au souvenir de ce que j'avais souffert,
j'ai perdu la tête, je me suis sauvé, je me suis caché...
Mme Hermine de Roybaz ne ment pas toujours ;
elle m'accuse avec raison d'être un rustre mal décrassé. Je n'ai pas de monde, je mêle tout, je suis
sujet à de misérables et humiliantes confusions.
Mlle Havenne pourrait-elle jamais me pardonner si
elle venait à connaître le secret de ma fuite, mes
soudaines, mes stupides défiances, mes soupçons ou-
trageux ? Heureusement, elle n'aura rien à me pardonner, car elle ne saura rien... Quel vilain tour
m'a joué mon imagination de paysan ! Un souffle
impur avait terni le miroir ; on ne s'y reconnaissait
plus, toutes les figures dansaient, grimaçaient. Le
voilà net, sans tache ; la douce et chère image s'y
reflète tout entière. Mlle Louise m'apparaît sans cesse
avec ses abeilles, la joue en fleur, le visage un peu
grave, le reproche sur les lèvres, mais le printemps
et le pardon dans les yeux ; je l'entends me dire :

« O paysan, éternel paysan, c'est donc ainsi que tu fuis ton bonheur ! »

Je n'irai pas à leur congrès ; ils tueront bien le phylloxéra sans moi, si les paroles tuent. Je ne ferai que toucher barres à Bordeaux, et, avant deux jours, je serai à Mon-Cep. Mais je passerai par Cloville ; je veux m'y présenter tout poudreux de mon voyage, et je dirai : « Mes pauvres vers ! vous en souvient-il ? Vous m'aviez dit que vous tâcheriez de comprendre, qu'il vous fallait du temps pour cela. Je suis parti pour vous en donner. Avez-vous compris ? Je viens chercher votre réponse. »

XXXVII

Je siège au congrès, j'y siégerai jusqu'au bout. J'avais trouvé en arrivant ici une lettre qui m'attendait depuis dix jours. Francine, qui n'est pas une grande écriveuse, avait « mis la main à la plume », comme elle dit, pour me rendre compte d'une petite affaire dont je l'avais chargée. Elle me donnait en *post-scriptum* des nouvelles de mes poules et de ma chatte, qu'elle aime, et de Théodule, qu'elle n'aime pas. Mais la plus grosse de ses nouvelles, qu'elle avait réservée pour la fin, était celle-ci : le surlendemain de mon départ, M. et Mlle Havenne se sont mis en route pour Paris, où ils allaient enterrer un vieil oncle.

Du moment que cette maison est vide, du moment qu'il n'y a plus personne en Saintonge, autant vaut rester ici. Les paroles ne tuent pas le phylloxéra, mais les congrès aident à tuer le temps. Je bois, je mange, j'écoute, je parle, je disserte comme un autre, sans jamais rester court. La moindre jupe m'intimide plus que toutes les barbes de l'univers. On semble curieux de connaître mes petites idées ; je les explique de mon mieux. Mais à toutes mes petites idées il s'en mêle une autre qui tour à tour me rafraîchit ou me brûle le sang.

XXXVIII

Royan, 9 juillet.

ME voici bien près de chez moi ; le cheval a hâte de
se retrouver dans son écurie, je comptais ne m'arrêter ici que peu d'instants pour causer avec quelqu'un
qui me propose une affaire. Je ne pourrai le voir que
demain, j'ai dû reculer mon départ de vingt-quatre
heures. J'en ai pris mon parti, j'ai passé une heureuse demi-journée. J'avais l'esprit fort tranquille,
l'humeur calme et sereine ; je voyais l'avenir en
beau. Il me semblait infiniment probable et je tenais
presque pour certain que tout finirait par s'arranger
à mes souhaits, que mon bonheur était écrit au ciel.
Je me promenai longtemps sur la lisière des forêts
de pins qui s'étendent jusqu'au fort de Susac. Quand
je me sentis las, je m'assis dans l'herbe. La falaise
s'abaissait à mes pieds en pente abrupte. L'océan
n'était que faiblement agité ; j'entendais le clapotis
de ses ondes courtes, déferlant avec douceur sur la
grève. A quelque cent brasses du rivage, se dressait
un écueil que les vagues les plus fortes recouvraient
entièrement ; celles qui les suivaient ne pouvaient
atteindre si haut, et, dans le mouvement de leur
ressac, elles se creusaient autour de la pierre noire,
qu'elles fouettaient de leur écume.

Après avoir regardé l'eau, je regardai le gazon.

J'aperçus à deux pas de moi une longue colonne de fourmis en marche. Je les observai, je les étudiai. Je remarquai que les plus petites en portaient de plus grosses, couchées en travers entre leurs mandibules. Je crus d'abord qu'on revenait d'une expédition heureuse, qu'on avait pillé le voisin, qu'on emmenait les vaincus en captivité. Mais elles témoignaient tant d'égards à leurs prisonniers que je changeai bientôt d'idée. On ne s'était pas battu, on émigrait, et les plus petites, simples manœuvres, transportaient les plus grosses, qui appartenaient à la caste des guerriers, parce qu'ainsi le veulent les lois et les observances consacrées de temps immémorial dans les républiques de fourmis.

Le terrain était inégal, raboteux. Quand on est fourmi, la moindre taupinière vous paraît une montagne, un brin d'herbe est un arbre. Ces infatigables porteuses gravissaient les hauteurs, traversaient les forêts, tournaient tous les obstacles, sans se rebuter un instant de leur travail fiévreux. Je m'attachai quelque temps à en suivre une dans ses tours et détours. Armé d'une aiguille de pin, je lui barrais le passage ; elle se fâchait, dressait vers moi ses antennes frémissantes. Je l'obligeai de déposer son fardeau. Elle eut peur, s'éloigna ; puis le repentir la prit, l'idée et l'inquiétude du devoir lui revinrent, elle retourna sur ses pas, n'eut pas de cesse qu'elle n'eût retrouvé et ressaisi sa pesante charge, et vaillamment elle se remit en chemin. Nous n'avons pas comme elles l'inquiétude du devoir, il nous laisse souvent bien tranquilles. J'ai lu dans mon gros livre que ces infimes bestioles ont des ganglions cérébraux qui n'atteignent pas à la grosseur du quart de la

tête d'une petite épingle ; j'en conclus avec l'auteur
que le cerveau d'une fourmi est un des plus mer-
veilleux atomes de matière qui se puissent concevoir.

C'est une existence ascétique que celle d'une
fourmi neutre, d'une fourmi ouvrière ; les mortifi-
cations n'y laissent guère de place au délassement
et au plaisir. Remuer des terres, creuser des gale-
ries, élargir ou rétrécir des portes, emmagasiner des
graines, les sortir quelquefois du nid et les étendre
au soleil pour les empêcher de germer, ces travaux
ont leur gloire et la gloire a ses douceurs. Mais faire
le métier de nourrice sans connaître les joies de
l'amour ni l'orgueil de la maternité, soigner les petits
des autres comme on soignerait les siens... vraiment,
M. Havenne ne m'a rien appris, j'ai toujours admiré
leur vertu. Un naturaliste a décrit en détail l'appareil dont elles se servent pour dégorger les sucs
nourriciers aux larves confiées à leurs soins. Il a
reconnu dans leur canal intestinal une partie anté-
rieure qui ne sert qu'à la communauté ; elles ne se
réservent que ce qui est rigoureusement nécessaire
à leur subsistance. Se dévouent-elles par tendresse
de cœur ? Certes non. Elles suivent inviolablement
une règle qu'elles ont prise hors d'elles-mêmes, elles
subissent l'obsession d'une idée fixe, qui les réduit
en servitude. Les fourmis ouvrières ont, sans le savoir, prononcé les trois vœux monastiques : elles
sont pauvres, elles sont chastes, elles portent jusqu'à la perfection le don et la pratique des aveugles
obéissances.

Si tous les animaux étaient des moines, le monde
finirait, et le monde ne veut pas finir. Mais ils con-

tractent tous dès leur naissance de périlleux engagements, et tous y font honneur, aucun d'eux n'a
jamais retiré sa parole. Les jouissances amoureuses
sont de bien courte durée, le plus souvent ce sont
des nuits sans matin. Les uns s'engagent à payer
de leur vie une extase d'un instant ; l'amour les tue ;
ils se donnent, se reproduisent et disparaissent. Les
autres, à qui l'avarice des dieux octroie des jours
un peu plus longs, expient leurs joies menteuses
par de dures pénitences ; s'oubliant eux-mêmes, ils
sont désormais consumés du souci de défendre leur
progéniture contre les intempéries, contre les attaques, contre les embûches, contre les complots du
rôdeur qui épie son moment et l'absence du gen-
darme. Ils auraient le droit de se plaindre, de crier :
« Trahison ! trahison ! » Ils cherchaient le plaisir, ils
ont trouvé le devoir austère, et les voluptés enfan-
tent des vertus. Philosophe de Cloville, la vérité a
parlé par ta bouche ! Dans les profondeurs de la
mer comme dans le nid chantant des oiseaux et
dans le nid silencieux de l'insecte, il y a partout
des dévouements qui veillent, des renoncements qui
font le guet, des inquiétudes qui ne s'endorment
jamais, et partout l'individu s'immole à l'espèce.
Qu'une seule de ces vertus se dérobe, qu'un seul de
ces devoirs reste inaccompli, des races entières mour-
ront. Mais on peut se rassurer ; les animaux sont,
comme ma sœur, des justes à qui la grâce n'a jamais
manqué.

Mylitta, j'ai pénétré le secret de ta double nature.
Je comprends maintenant pourquoi tes adorateurs
te représentaient tour à tour avec un visage de cour-
tisane et un visage de vierge, avec des yeux humides

et des yeux farouches, avec des mains pleines de roses et des doigts qui lançaient des flèches. Tu es la déesse de la licence et de la retenue, la déesse des abandons et des refus. Tu nous dis : « Jouissez ; je vous y invite. » Tu nous dis aussi : « Abstenez-vous, je vous le commande ; on ne mérite ma faveur que par la souffrance volontaire. » Que t'importent, ô Mylitta, nos joies ou nos chagrins ? Tu n'as à cœur que le bien-être de la grande communauté. Si nous n'avions point de désirs, le monde périrait, il périrait si nous n'avions pas de vertus. Divinité perfide, nous nous croyons notre propre fin, nous ne sommes que tes instruments. Tu te sers de nos illusions pour nous employer à ton ouvrage mystérieux. Tes moindres créatures sont tourmentées du besoin d'étendre, d'agrandir leur être, et sans qu'elles le veuillent, sans qu'elles le sachent, le principal profit qu'elles retirent de leur laborieux effort est d'aider au perfectionnement indéfini de l'espèce... Si tendre que soit l'amour que chacun de nous se porte à lui-même, nous ne travaillons que pour toi. En vérité, le sage de Cloville est plus versé dans ces matières que sir John et que le docteur Hervier. La bête nous enseigne autre chose que l'ivresse brutale du plaisir, autre chose que les attentions et les ruses d'un égoïsme avisé ; elle nous prêche l'ordre, la règle. Cet univers est une grande maison de correction où, bon gré, mal gré, l'homme étudie sous une discipline inexorable la loi divine du sacrifice.

Pendant que je méditais ainsi, le soir était venu. L'Océan se taisait, je ne me souvenais pas de l'avoir vu si paisible. Il était par endroits aussi lisse que la peau d'un serpent, et le reflet des nuages le tachetait

de pourpre et de carmin. Il attendait pour se rani-
mer l'heure de sa marée et que l'ordre lui fût donné
d'envahir ses rivages ; il a, lui aussi, beaucoup de
choses à faire. Le soleil déclinait rapidement vers
l'horizon. Comme le maître d'un champ parcourt
avant la nuit ses sillons et constate que les bœufs
et les charrues ont bien travaillé, il abaissait un
dernier regard sur notre hémisphère pour s'assurer
que dans l'eau et sur les grèves, dans les champs et
dans les bois, tous ses ouvriers avaient terminé leur
tâche, que personne n'irait se coucher sans avoir
mérité son sommeil. Il rendait justice aux plantes
et aux fourmis, qui étaient toutes sans reproche.
Il était moins content de certains primates, moins
velus que des gorilles, mais plus indisciplinés, les-
quels, soit négligence, soit emportement d'humeur,
avaient oublié leurs devoirs, déserté leur service.

Substance éternelle, dont nous sommes les accidents passagers et fortuits, les hasards sont vos
obéissants serviteurs, et les volontés les plus rebelles
finissent par se plier à vos lois ! Souveraine raison
des choses, je ne crains pas de te montrer mon cœur,
que sollicite le désir du mieux. Je ne suis qu'un
infiniment petit, mais les infiniment petits sont tes
ouvriers préférés. Les grands progrès qui s'accomplissent dans ce monde se font par de très petites
causes, et quand la fourmilière est bien bâtie, bien
gouvernée, il n'est point de fourmi qui ne puisse
dire : « Je suis pour quelque chose dans cette affaire. »

J'avais eu l'insolence de regarder le soleil en face,
je fus pris d'un éblouissement. Je cachai ma figure
dans mes mains, je fermai les yeux.

Une vapeur rouge enveloppait mes paupières, et
dans ce rouge, j'aperçus une tache qui grandissait
de seconde en seconde. J'y distinguai tous les traits
d'un visage, des yeux gris, d'une douceur limpide,
une bouche qui souriait. Je reconnus ce sourire,
mon cœur salua cette jeune fille aux cheveux cendrés qui me sera sûrement donnée en récompense
de mon bon vouloir, et je pensai à tout le bien que
peuvent faire ici-bas un honnête homme et une honnête femme qui s'aiment, une honnête femme et un
honnête homme qui ont l'un comme l'autre l'amour
du mieux.

XXXIX

Comme j'avais eu l'honneur de le dire à Mme Hermine de Roybaz, on rêve et puis on se réveille. On emploie ainsi sa vie, après quoi on est mangé des vers, et le dernier acte de la pièce est encore le meilleur.

Il y a quelques instants, je déjeunais à table d'hôte. J'avais pour vis-à-vis deux Parisiens, dont l'un, m'a-t-on dit, est un inspecteur des finances en tournée. Il causait avec son voisin ; je me souciais peu de ce qu'ils pouvaient se dire. Tout à coup j'ai dressé l'oreille : l'inspecteur avait prononcé le nom de M. Havenne.

— Le voilà riche, lui dit l'autre.

— Non pas lui, reprit-il, mais sa fille, qui est aujourd'hui un beau parti. Il paraît que le vieil oncle était un grand amasseur d'écus et que l'héritage est de conséquence.

Là-dessus, ils passèrent à un autre sujet. Il en va toujours ainsi ; les choses importantes, on les expédie en deux mots, on n'a pas assez de paroles pour conter des balivernes. Ils ne se doutaient guère de la poignante émotion que m'avait causée leur nouvelle. Ils avaient jeté cela à trois dés, sans deviner que le sort d'un homme assis devant eux et qui les regardait fixement était en jeu. Ce sont presque toujours les indifférents qui nous annoncent nos malheurs.

S'il est vrai que l'héritage soit de conséquence, elle est perdue pour moi, et malheureusement cet inspecteur a la figure d'un homme bien informé. Il y a des gens comme cela, qui savent tout sans s'intéresser à rien... Elle est perdue pour moi. J'avais une honnête aisance à lui offrir ; c'était le seul avantage que j'eusse sur elle, pour compenser tous ceux qu'elle a sur l'éternel paysan, éducation, grâce, élégance d'esprit, finesse des manières, et tout ce qu'on apprend à Paris et tout ce qu'on n'a pas besoin d'apprendre quand on est la filleule d'une bonne fée.

Qu'avais-je affaire de m'en aller ? La lettre par laquelle j'annonçais mon départ à M. Havenne et dont je vois d'ici les points, les virgules, était écrite d'un style tendu, contraint, embarrassé, et les embarras du style trahissent les détresses de la conscience. Il y avait là-dedans du louche, de l'amphigouri. Le père et la fille ont dû se dire : « Cet homme de sentiment sait calculer ; il a fait ses réflexions ; après une courte effervescence, son imagination s'est refroidie, et c'est le bon sens qui a le dernier mot. Pur prétexte, pure défaite que ce congrès ! Il se repent de s'être trop avancé, il se prépare une savante retraite. »

Imbécile ! il fallait te déclarer quand elle était pauvre. Aujourd'hui qu'elle est riche, je te défie d'expliquer convenablement tes tergiversations et de demander sa main en termes honnêtes. Elle t'accusera de t'être ravisé deux fois, la première parce qu'elle n'avait pas de dot, la seconde parce qu'une fortune lui est tombée du ciel, et la fille comme le père te riront au nez.

XL

Mon-Cep, 11 juillet.

En effet, l'inspecteur est un homme bien informé ; je commence, paraît-il, à me connaître en physionomies. L'héritage est considérable ; on ne s'occupe d'autre chose dans tous les lavoirs des environs, où Francine la sainte et la commère prend langue et se renseigne. C'est l'événement du jour. La nouvelle a couru bien vite de clocher en clocher ; peu s'en est fallu que les cloches ne se missent en branle. A quoi monte le magot ? L'abbé Poncel parle d'un million. Pourquoi pas deux ? pourquoi pas trois ? Quand ils s'y mettent, les écus font des petits.

J'étais arrivé hier dans la soirée. Point de Théodule.

— Où est-il donc ?

— Où il est tous les soirs, monsieur, à Cloville. Depuis huit jours que les Havenne sont revenus de Paris, le pique-assiette est sans cesse fourré chez eux. Il a avancé l'heure de son dîner, il met les morceaux doubles, et qu'il pleuve, qu'il vente ou qu'il tonne, il part à pied ou à cheval pour ne rentrer qu'à minuit. Il paraît qu'on joue aux cartes et qu'on fait un peu de musique, mais pas beaucoup, parce qu'on se souvient qu'on est en deuil. Le plus plaisant, c'est que M. le docteur est de la

241

partie. On ne le reconnaît plus ; il est habillé de neuf, les cordons de ses bas ne lui pendent plus sur les talons. Il n'y a que Mlle Louise qui n'ait pas changé. Je l'ai rencontrée l'autre matin. Elle était en robe de soie noire, garnie de toutes petites dentelles, et elle avait son air de tous les jours.

— Tu t'imagines donc que les héritières ont des robes lamées d'or et d'argent ? On porte son héritage dans ses yeux ; tu n'as pas regardé les siens d'assez près.

Je voulus connaître mon sort tout de suite ; la fièvre n'attend pas, et il semble parfois que l'homme ait faim et soif de souffrir. J'arrivai vers neuf heures dans un petit salon assez brillamment éclairé ; j'y trouvai quatre personnes qui jouaient un whist. Ce fut à peine si l'on interrompit un instant la partie pour me saluer, pour s'informer rapidement de mes nouvelles. Assis un peu à l'écart, j'étudiais les figures ; j'admirais les airs de tête des deux prétendants, leurs petites manœuvres, leurs empressements, leurs simagrées. L'un, le disciple de sir John, ne s'occupait que de l'héritière ; c'est dans les bonnes grâces du père que l'autre tâchait de s'insinuer. Chacun a sa méthode. Ils m'étonnaient l'un et l'autre. Coiffé en coup de vent, Théodule était sombre et ténébreux ; il avait l'œil profond, des regards qui semblaient sortir d'un gouffre. Le docteur Hervier, rasé de frais, cravaté de blanc, les ongles irréprochables, paraissait rajeuni de dix ans. Plus maître de lui que son rival, il dissimulait mieux ses intentions ; il n'aime pas les attaques risquées, il attend pour monter à l'assaut que la sape ait achevé son travail, que la brèche soit praticable. Sa situation était déli-

cate ; il avait le dangereux honneur d'être le parte-
naire de M. Havenne, et M. Havenne, qui perdait,
s'en prenait à son second, le maltraitait de paroles.
Le docteur recevait ces rebuffades avec la contri-
tion d'un chien qu'on fouette. Que les hommes sont
misérablement petits !

Dès qu'on eut quitté la table de jeu, je m'approchai de Mlle Louise, je lui dis je ne sais quoi ; elle
me répondit d'un air glacial, et bientôt Théodule
me la reprit. Je me tournai vers le père, qui me
questionna d'un ton gouailleur sur les diverses péri-
péties de mon voyage. Mon affaire est réglée ; inutile
d'en appeler.

Nous partîmes au coup d'onze heures. Chemin
faisant, Théodule plaisanta le docteur sur la réforme
qu'il a introduite dans son costume, sur la blancheur de son linge, sur les soins minutieux et tout
nouveaux qu'il prend de sa personne. Le docteur
répondait à ces turlupinades par des aigreurs. Au
moment où il nous quittait pour rentrer chez lui,
il me dit :

— Je vous plains, mon cher Berjac ; à votre place,
je ne souffrirais pas que ce plaisantin s'éternisât
chez moi.

— Ce pauvre cher docteur ! repartit Théodule.
Il est gêné dans ses escarpins neufs ; pardonnons-
lui d'avoir de l'humeur.

Nous continuâmes notre route. Je ne desserrais
pas les dents ; Théodule sifflotait une romance. En
arrivant à Mon-Cep, comme nous allumions nos
bougeoirs pour gagner chacun notre chambre :

— Bonne nuit, me dit-il, en me tendant la main,
et sans rancune.

— Que veux-tu dire avec ta rancune ?

— Tu n'avais pas d'intentions sérieuses sur Mlle Havenne ?

— Pas la moindre.

— A la bonne heure ! tu me mets la conscience en paix.

— As-tu donc oublié, lui dis-je, que la conscience est un préjugé ?

— Que veux-tu, mon cher ? reprit-il. Elle est délicieuse, cette créature, et j'en suis fou. On ne résiste pas à tant de grâces.

— Il y a quelques semaines, ses grâces te laissaient fort tranquille.

— Ne me reproche pas mes inconséquences, mon petit vieux ; c'est ce qu'il y a de meilleur dans l'homme. Sir John me disait un jour qu'il n'y a que Dieu et les imbéciles qui ne changent pas, et encore, ajoutait-il, j'en suis moins sûr pour Dieu que pour les imbéciles.

— Et tu te flattes d'avoir de l'avance sur le docteur Hervier ?

— C'est au sac qu'il fait les yeux doux ; notre jeune personne s'en doute, et elle entend qu'on l'aime pour elle-même. Il aura contentement, ce cher docteur ; on lui donnera son sac... et ses quilles.

Cela dit, il alla se coucher. Théodule est un vrai Gascon ; je ne croirai jamais qu'il ait touché le cœur de Mlle Havenne. Aujourd'hui qu'elle peut choisir, elle se réserve sans doute pour un plus gros personnage, et je ne pense pas qu'un cynique soit son fait. Après cela, les femmes sont capables de tout... Ce qui me paraît le plus probable, c'est qu'on ne restera pas en Saintonge ; la Charente-Inférieure est désormais un bien petit théâtre pour y déployer ses grâces. On se mariera à Paris, si l'on se marie. Mais je ne comprends rien à la conduite incohérente de ce père. Comment se fait-il qu'un sauvage devienne tout à coup le plus accueillant, le plus hospitalier des hommes ? Les assiduités de ces prétendants amusent peut-être son ironie ; il prend plaisir à voir les mouches accourir et s'engluer au miel.

Le chagrin d'avoir manqué mon bonheur par ma faute m'empoisonne le sang. Je me suis réveillé ce matin la bouche amère, tourmenté par la soif, et j'éprouve une douleur assez vive au côté droit. Il me semble que je couve une maladie.

XLI

Depuis plus d'un mois, je n'ai pas écrit une ligne
dans ce journal. La maladie que je couvais m'a
tenu alité trois semaines. Des douleurs aiguës, une
fièvre brûlante, un lit qui me semblait dur, où je
me tordais sans trouver la place que je cherchais,
des alternatives d'agitation et d'anéantissement, des
sangsues et des sinapismes que m'appliquait le docteur Hervier, des orangeades, des tasses de petit-lait
que Théodule me présentait de sa main blanche,
un visage jaune comme un coing, qu'on me montra
dans un miroir et qui me fit peur, une nuit de délire
pendant laquelle, assise à mon chevet, une femme
aux yeux verdâtres, vêtue d'une robe de foulard
gris feux-follets, dardait sur moi des regards de désir
et de colère, en me disant : « Tu m'appartiens, je ne
te lâche plus ! » — tout cela se mêle confusément
dans mon souvenir.

Le docteur m'a savamment expliqué que j'avais
souffert d'une affection ictérique, qui s'était tournée en hépatite. Je ne lui ferai pas l'injure d'en
douter, je reconnais qu'il m'a soigné avec beaucoup
de zèle, de sollicitude. Dans mes heures de prostra-
tion, il me reprochait de trop m'abandonner :

— Vous êtes bon enfant avec la maladie comme

avec les hommes. Eh ! que diable, défendez-vous
ou cela finira mal.

Je conviens que, par moments, j'étais disposé à
prendre ma maladie en goût ; c'était une solution,
qui me dispensait d'en chercher une autre. Je lui
savais gré d'émousser en moi la faculté pensante.
Il y a des cas où notre pensée est notre plus grande
ennemie ; c'est un rat qui court et trotte dans la
maison, un de ces rats de grenier, à la dent ron-
geante, nés pour faire du bruit, du dégât, des ravages et empêcher les gens de dormir.

Je dois rendre justice à l'altruisme de Théodule.
Les altruistes se croient tenus quelquefois de coucher dans la chambre de leur ami malade, et quand
ils ont la main et le pied aussi légers que le cœur,
on se trouve bien d'être veillé par eux. Mais la
garde-malade par excellence est ma vieille Francine. Tu es capable de tous les dévouements, pauvre
bonne créature, et tu as toutes les divinations du
cœur !... Elle savait aussi bien que moi où le bât
m'avait blessé. Quand nous étions tête à tête, elle
s'en expliquait à mots couverts, et mettant mon
doigt sur ma bouche, je lui disais :

— Chut ! il y a des choses dont on ne parle pas.

Elle s'approcha un soir de mon lit, l'œil luisant
comme braise.

— Qu'a-t-il bien pu t'arriver ? lui dis-je.

— Monsieur, en allant chercher de la moutarde
au village, j'ai rencontré Mlle Louise, qui s'est in-
formée de vous.

— Et que lui as-tu répondu ? demandai-je avec
inquiétude.

— Rassurez-vous, monsieur ; je lui ai répondu

tout simplement que vous souffriez d'une hépatologie.

— Francine, le docteur Hervier t'apprendra
qu'une hépatologie est un traité sur le foie et qu'un
traité n'est pas une maladie. Mais je fais plus de
cas d'une femme qui sait tenir sa langue que d'une
femme qui sait le grec.

Je ne suis plus jaune comme un coing, je suis
jaune clair, et on me fait espérer que je reprendrai
mon teint naturel, que les forces me reviendront
sous peu. On est robuste dans ma famille. Les maladies de mon père étaient violentes et le rédui-
saient à la dernière extrémité ; mais, selon son expression, il remontait sur sa bête aussi vite qu'il
en était tombé. Je suis le fils de mon père, et puis
j'ai tant raisonné, tant réfléchi dans ces derniers
mois que je suis résolu à faire bonne contenance
devant le chagrin. Les gens qui fréquentent les rois
s'observent beaucoup en leur présence, et, dans quelque état d'esprit qu'ils se trouvent, l'étiquette des
cours leur est sacrée. Nous autres, petites gens, à
force de philosopher, accoutumons nos joies et nos
douleurs à ne jamais se montrer devant notre sagesse, qui est notre reine, dans une attitude ou un
costume inconvenants. La philosophie ne guérit de
rien, la philosophie n'est pas un remède, mais la
philosophie est une pudeur.

XLII

Les forces me sont revenues. Je vais, je viens, je
me remue ou m'agite, je m'occupe activement de
mes affaires, j'en invente pour me dissiper le cœur
et l'esprit.

Hier, j'avais fait une longue promenade à la seule
fin d'essayer mes jambes. Quand on se promène,
on s'expose aux rencontres. A l'un des détours du
chemin, je tombai inopinément sur M. Havenne,
qui s'en allait je ne sais où. Il m'obligea de lui conter point par point mon ictère et mon hépatite, et
il affecta de s'y intéresser beaucoup. Je dois convenir cependant qu'il était venu plus d'une fois chercher de mes nouvelles.

— Je vous croyais reparti depuis peu pour Paris,
lui dis-je.

— J'ai été forcé bien à regret d'y passer de nouveau huit jours. J'en suis revenu hier matin, et, à
peine arrivé, j'ai reçu deux lettres qui me causent
quelque tracas... Tenez, je suis bien aise de vous
rencontrer. Il faut que je vous narre une histoire
et que je vous demande un service. Les hommes
les plus circonspects font souvent des imprudences.
J'aime le whist et la musique d'ensemble. Le doc-

teur Hervier racle assez agréablement du violon ;
votre ami M. Blandol a quelque talent pour la flûte,
et tous les deux jouent le whist, pitoyablement, il
est vrai, mais dans ce monde chacun fait ce qu'il
peut. Bref, j'ai attiré ces messieurs à Cloville ; ils
ont fini par y venir plus souvent que je ne voudrais
et je les soupçonne d'être tombés l'un et l'autre
amoureux de ma fille. Comme s'ils s'étaient donné
le mot, ils m'ont écrit, chacun de son côté, qu'ils se
présenteraient chez moi demain dans l'après-midi,
qu'ils désiraient m'entretenir d'une importante affaire. Je crois savoir de quoi il retourne ; je les écou-
terai, je serai aimable, gracieux, mais j'entends rester neutre dans la question, remplir l'office de simple
rapporteur. Le tribunal appréciera.

— L'un d'eux a-t-il quelque chance d'être agréé ?
demandai-je en m'armant d'une héroïque indiffé-
rence.

— Qui peut le savoir ? Les petites filles sont si
sournoises ! Entre nous soit dit, j'incline à croire
qu'ils seront l'un et l'autre refusés tout à plat, ren-
voyés dos à dos. M. Blandol est un charmant garçon, autant que peut l'être un fat et un écervelé.
Notre brave docteur est un de ces hommes qui offrent de sérieuses garanties aux pères de famille,
mais on lui reprochera peut-être de manquer d'a-
grément. Au surplus, vous savez sans doute qu'on
a hérité ; on a toujours été fière, désormais on est
difficile et défiante. Ces deux messieurs se sont mis
un peu tard en campagne ; ce grand amour qu'ils
nous portent ne s'est pas levé assez matin ; ils ris-
quent qu'on les prenne pour des coureurs de dot.

La décharge m'atteignit en pleine poitrine, je ne

bronchai pas. Je demandai tranquillement à mon
bourreau quel service il attendait de moi.

— J'ai voulu, reprit-il, en finir tout à la fois avec
nos deux prétendants. Je les ai convoqués pour la
même heure, en les priant de venir au préalable
déjeuner avec moi. Mais j'ai fait après coup la réflexion que pendant que je m'enfermerais dans mon
cabinet pour causer avec l'un d'eux, l'autre resterait
seul avec ma fille, ce qui serait peu convenable. Je
compte sur votre amitié pour me tirer d'embarras.
Un tiers inoffensif est dans certaines rencontres un
précieux auxiliaire ; faites-moi la grâce d'accepter,
vous aussi, mon déjeuner.

Mon Dieu ! que cet homme est déplaisant ! J'ai
cependant accepté ; je veux la revoir. J'aime le poi-
son, j'en veux prendre, j'en prendrai.

XLIII

En rentrant tout à l'heure à Mon-Cep, tout éperdu, j'ai dit à Francine :

— Bonne femme, donnez-moi, je vous prie, un grand soufflet sur la joue droite, pour bien me prouver que je ne rêve pas.

Elle me prit les deux mains, les baisa et me répondit en balbutiant :

— Monsieur, excusez-moi. Le jour que je l'avais rencontrée en allant chercher ma moutarde, je lui avais dit que vous étiez malade d'un amour contrarié.

— Francine, Francine, m'écriai-je, tu as abusé de ma confiance, tu m'as indignement trahi. Si je deviens fou, je ne m'en prendrai qu'à toi... Mais bah ! puisque ton Dieu te pardonne, il faut bien que je te pardonne aussi.

Et je m'enfuis dans ma chambre ; j'avais hâte d'être seul, tout seul avec ma folie. J'ai fermé ma porte à double tour ; assis devant mon écritoire, je tâche d'écrire. Il est difficile de tenir, de conduire sa plume quand la main tremble, que la tête est en feu et que le pouls bat la campagne.

Ce matin, vers onze heures, Théodule vint m'avertir qu'il n'aurait pas le plaisir de déjeuner avec moi.

— Tu te trompes, lui dis-je. Comme toi, je déjeune à Cloville.

— Ah ! fit-il, sans rien ajouter.

Il m'arrive comme à tout le monde de dire : « Ah !» mais sur un autre ton que Théodule. Quand Théodule dit : « Ah ! » cela signifie : « Vous m'étonnez et même vous me contrariez un peu ; mais il en sera de cette affaire ce qu'il vous plaira. Théodule Blandol n'est pas homme à s'émouvoir de rien ; serviteur aux événements ! »

Je fis atteler le panier, nous voilà partis. Chemin faisant, il m'expliqua sans ambages ni circonlocutions quelle affaire il allait traiter à Cloville.

— Je suis sûr de la petite ; c'est le père qui m'inquiète. L'as-tu vu dernièrement ? t'a-t-il parlé de moi ?

— Il te trouve charmant, quoique écervelé et un peu fat.

— A merveille ! ma grâce est la plus forte.

Et cette fois, il ne poussa pas un ah ! mais un eh ! eh ! très expressif, qui signifiait clairement : « L'affaire est dans le sac. » Il en était à sa troisième cigarette quand nous rattrapons le docteur Hervier, qui, tiré à quatre épingles, mais à l'étroit dans ses bottines vernies, semblait marcher sur des œufs, s'abritant du soleil sous une ombrelle d'une éclatante blancheur.

— Où allez-vous de ce pas, docteur ?

— A Cloville. Et vous ?

— A Cloville.

— Tout l'univers déjeune donc aujourd'hui à Cloville !

Les visages s'allongent ; on n'était pas content.

Nous offrons une place au docteur, il refuse, et nous recommençons à trotter. Après une pause de quelques minutes :

— Je commence à croire, me dit Théodule, que ce père est un mauvais plaisant. Laisse-moi faire, je lui riverai son clou.

Nous arrivons. M. Havenne avait sa figure de tous les jours, il promenait sur nous son œil contemplatif de pachyderme pacifique et rusé. Mlle Louise avait le teint brouillé, de l'inquiétude dans le regard. Elle me fit bon visage ; j'avais été malade, elle n'était plus de glace ; que pouvais-je demander de plus ? Enfin le docteur arrive à son tour, tellement quellement, et on se met à table. Du commencement à la fin du repas, il ne fut parlé ni des anthropoïdes, ni du droit naturel, ni du désir illimité, ni de Mylitta, ni des origines de la morale, ni des réversions, ni de sir John Almond et de son torysme antédiluvien. On sentait dans l'air comme la pesanteur d'un événement. M. Havenne contait des histoires de Paris. Le docteur l'écoutait dans un silence d'adoration. Théodule cherchait à lire sa destinée sur le front de l'héritière. Quand il rencontrait le regard de son rival, c'étaient deux fers qui se croisaient. Je les observais du coin de l'œil, et j'étais presque tenté de bénir mon destin. J'étais sorti du jeu, je n'avais plus rien à espérer, plus rien à craindre. Le désespoir a son repos ; j'étais tranquille dans mon néant.

On prit le café sous la fameuse tonnelle, où Corax, le moins discret et le plus fêté des corbeaux, ne tarda pas à nous rejoindre. Du banc où il s'était posé, il braquait sur moi des yeux étincelants, pleins

de secrets et d'oracles. Je lui disais en moi-même :
« Qu'ai-je affaire de tes prophéties ? J'ai perdu mon
procès et je ne vais pas en appel. » M. Havenne
voulut nous prouver que Corax avait le génie du
négoce. Il lui dit :

— Veux-tu faire un marché ?

Aussitôt Corax sauta à terre, prit dans son bec
un petit caillou, qu'il déposa dans la main de son
maître. Il reçut en échange un bouton de jais et
l'emporta dans une cachette. Cela fait, il revint en
sautillant picoter les bottines du docteur. Le cher
homme ménage beaucoup ses chaussures et déteste
cordialement les corbeaux et leur bec. Il ne laissait
pas de faire bonne mine à cet insolent, qu'il traitait
de délicieux passereau. Il se sentit fort soulagé quand
Mlle Louise appela Corax, qui lui grimpa sur l'épaule
et lui mordilla la joue. Elle le laissait faire. C'est un
jeu que son père lui interdit, mais son père nous
avait quittés pour aller chercher sa pipe d'écume.

— Au nom du ciel, mademoiselle, s'écria le docteur, prenez garde à vos yeux. Les corbeaux piquent
tout ce qui brille.

— Seigneur Corax, dit Théodule, je te pardonne
sans peine d'avoir du goût pour deux adorables
yeux gris. Mais n'y touche pas, ou malheur à toi !
Ils m'appartiennent.

Elle ne le prend pas au sérieux ; elle lui dit sans
se fâcher :

— Qui vous les a donnés ?

— Si quelqu'un s'avisait de me les disputer, s'é-
cria-t-il d'un air de capitan, je le préviens que je
fais mouche à trente pas un coup sur deux.

Elle se tourna vers moi et me dit :

— Aimez-vous les fous, monsieur Berjac ?

— Je les supporte quand ils sont gais.

— Moi, dit-elle, je ne les aime que lorsqu'ils jouent de la flûte, parce que dans ces moments-là ils ne parlent pas.

Et à ces mots elle s'en alla, emportant son corbeau.

— Soyez fier de votre ouvrage, monsieur Blandol, dit aigrement le docteur : vous la faites fuir.

— Docteur de mon âme, riposta Théodule, ne m'échauffez pas les oreilles ; je suis aujourd'hui d'humeur batailleuse.

En ce moment, M. Havenne revenait, sa pipe à la bouche, et M. Hervier lui dit :

— Engagez donc votre charmante fille à se défier de son corbeau. Il suffit d'un malheureux coup de bec, et voilà un œil crevé.

— Engagez-la, engagez-la... Vous êtes bon, docteur. Croyez-vous qu'elle m'écoute ? Elle n'en fait qu'à sa tête. Comme je le disais un jour à M. Berjac, c'est une volonté enveloppée de douceur.

— Ah ! monsieur, que dites-vous là ? s'écria le docteur de l'air effarouché d'un dévot entendant proférer un blasphème.

— Notre ami Hervier, fit Théodule, a la fureur de défendre les gens qu'on n'attaque pas. Une volonté enveloppée de douceur ! C'est la perfection, c'est l'idéal.

— Non, monsieur, ce n'est pas l'idéal, ce n'est pas la perfection. Loin de moi la pensée de faire l'éloge de ma fille ! Tout récemment encore, elle m'a chagriné, désolé par sa déplorable obstination, et si je ne craignais de vous ennuyer...

— Parlez, parlez donc, s'écrièrent-ils l'un et l'autre tout d'une voix.

— Au fait, puisque nous sommes entre amis, je ne vois pas ce qui me retiendrait de vous conter mon anecdote ; les confidences soulagent le cœur... Vous savez ou vous ne savez pas que ma fille a hérité d'un grand-oncle, il y a quelques semaines. Peut-être en aviez-vous entendu parler.

— Fort en courant, dit le docteur, et je ne savais trop qu'en penser. Je me suis toujours défié des propos de commères.

— Moi, dit Théodule, j'ai appris la chose... de qui donc ?... Eh ! parbleu, de vous-même, docteur, et je vous disais : « Ne vous montez pas la tête ; quoi qu'on vous dise, rabattez-en toujours les trois quarts. »

— A votre aise, messieurs. Je trouve, quant à moi, qu'il s'agit d'un assez gros denier.

— Peut-on connaître le chiffre ? demanda imprudemment le docteur.

— Eh ! qu'importe ? fit Théodule sur le ton méprisant d'un philosophe qui compte comme un pur néant tous les biens de la terre, meubles et immeubles.

— Il s'agit, messieurs, d'un beau million net et clair, sec et liquide.

Il se fit un silence, pendant lequel on entendait marcher les fourmis. Le docteur ouvrait une énorme bouche, on pouvait croire qu'il était en train d'avaler le magot. Théodule dissimula son trouble en vidant d'une seule gorgée son verre de cognac.

— Il faut vous dire, messieurs, que mon oncle Christophe était une grande et glorieuse exception

9

dans la famille des Havenne, que seul entre tous il avait le génie des affaires, comme Corax. Il devint le directeur d'une entreprise de camionnage, où il s'enrichit. Il savait gagner, il savait placer ce qu'il gagnait, et il n'a jamais pu voir une épingle à terre sans la ramasser, ni une bougie qui brûlait inutilement sans souffler dessus. Il faut vous dire aussi que j'ai un frère cadet, nommé Étienne, professeur dans un des lycées de Paris. C'est à mon sentiment le plus noble des états et le dernier des métiers. Comme moi, mon frère s'est marié, mais tandis que je n'ai qu'une fille, il en a cinq, les Havenne n'étant bons, paraît-il, qu'à faire des filles. L'oncle Christophe était resté garçon. Il aimait que ses neveux et ses petites-nièces lui rendissent des soins, et en même temps, chaque fois que nous allions le voir, il trouvait un plaisir extrême à nous insinuer que nos attentions couvraient des vues intéressées, que nous couchions l'héritage en joue. Quoique je me pique d'entendre la plaisanterie, celle-ci me plaisait peu, et je finis par ne plus me montrer que deux fois l'an. Mon frère, lui aussi, a l'encolure un peu raide ; c'est un défaut de famille ; mais quand on a cinq filles à élever et à caser, on assouplit son humeur. Il en résulta que l'oncle Christophe fit un testament par lequel il destinait toute sa fortune à ses cinq petites-nièces de la branche cadette, ne laissant à la branche aînée que sa bibliothèque, composée de cinquante volumes dépareillés, achetés sur les quais et depuis longtemps relégués dans un grenier, où les rats les mangeaient. A peu de temps de là, il songea sérieusement à épouser sa gouvernante. Il se trouva quelqu'un pour lui dire que mon frère

Étienne avait mal pris la chose. Ils eurent à ce sujet une altercation, suivie d'une rupture en forme. Mon oncle n'épousa pas sa gouvernante ; mais il fit un second testament par lequel il déshéritait la branche cadette et instituait ma fille son unique héritière.

Il s'interrompit un instant pour rallumer sa pipe, qui s'éteint souvent.

— Et après ? demanda Théodule d'un ton aigre et glapissant.

— Et après ? demanda le docteur de sa grosse voix de basse-taille, qui ronflait comme un orgue.

— Messieurs, il arriva que peu après mon oncle Christophe mourut d'une hémorrhagie pulmonaire ; mais avant de mourir, il eut le temps de témoigner à son valet de chambre, vieux serviteur dont la parole fait foi, son intention bien arrêtée de faire un troisième testament par lequel il rétablirait la branche cadette dans ses droits. Il ne vécut pas assez pour exécuter son dessein.

— La camarde, fit Théodule, se comporte parfois en femme d'esprit.

— Assurément ; mais quand les filles s'entêtent, se butent, tout s'embrouille et tout se gâte. Croiriez-vous que la mienne s'avisa de mettre en doute la validité du testament qui l'enrichissait ? Mon notaire lui répétait sur tous les tons, car il aime à se répéter, que cet acte très authentique était absolument inattaquable, au-dessus de toute chicane, qu'ayant été rédigé par un homme sain et lucide d'esprit et plus d'un an après la brouille avec mon frère Étienne, ce n'était pas un testament *ab irato*, mais l'expression d'une volonté réfléchie et persévérante. La malheureuse lui répliquait que la mort seule ayant empêché son grand-oncle de le reviser ou de le refaire, elle devait le tenir pour nul et non avenu. Je lui représentai qu'elle déraisonnait, qu'elle radotait ; je me donnai une peine incroyable pour lever ses scrupules. Elle s'obstina à me répondre que je n'avais pas attendu qu'elle portât des robes longues pour lui prêcher la justice comme la première des vertus, que cette fortune acquise injustement et contre la véritable volonté du testateur ne lui procurerait aucune joie, qu'elle aurait des remords qui l'empêcheraient de dormir, qu'elle préférait le sommeil du juste et ses douceurs à tous les millions de la terre. Et voilà, messieurs, comme on est puni d'avoir prêché la justice à ses enfants ; les principes que vous leur avez donnés se retournent contre vous. Si les filles sont têtues, les pères sont quelquefois bien imprudents. Après avoir argumenté en forme, je me fâchai, m'emportai...

— Et sans doute elle a fini par entendre raison, interrompit M. Hervier.

— Vous oubliez le point de départ de cette conversation, reprit M. Havenne. Vous m'aviez dit : « Engagez votre charmante fille à se défier de son corbeau. » Je vous ai répondu : « Ma fille est charmante, mais son obstination fait mon désespoir. » Elle a jeté le testament au panier, l'héritage s'en est allé à vau-l'eau.

— Et les petites cousines, à qui l'on n'a pas prêché la justice, ont tout empoché ! s'écria Théodule d'un air lugubre.

— A vau-l'eau, répéta le narrateur d'une bouche sépulcrale.

Il se fit encore un grand silence ; on se serait cru dans la chambre d'un mort, et de nouveau on entendit marcher les fourmis. M. Havenne regardait mélancoliquement les fumées de sa pipe monter dans l'air et s'y dissiper comme s'évanouissent les successions et les espérances. Enfin il dit :

— Laissons là cette fâcheuse histoire. Si je ne me trompe, mon cher docteur, vous m'aviez témoigné le désir de causer avec moi d'une affaire importante. Je suis prêt à vous écouter. Voulez-vous que nous passions dans mon cabinet ?

Le docteur se redressa brusquement.

— Mon cher monsieur, dit-il, ma visite est désormais sans objet. Un de mes amis, qui s'occupe de fonder une société en commandite, m'avait chargé de lui trouver quelques bailleurs de fonds. Il avait eu vent de l'héritage ; vous n'avez pas hérité, il est inutile que je vous dise son nom, je m'empresserai de l'avertir.

Ce disant, il regarda sa montre, se plaignit qu'on s'oubliait à Cloville, qu'on y sacrifiait ses devoirs à ses plaisirs, qu'il avait un malade à saigner, et, si gêné qu'il fût dans ses bottines vernies, il partit d'un bon pas pour aller faire sa saignée.

Après une nouvelle pause :

— S'il m'en souvient, reprit M. Havenne, il y a encore un jeune homme par ici qui avait quelque chose d'important à me dire.

— Cher monsieur, ne m'emmenez pas dans votre cabinet, repartit Théodule d'un ton net et résolu. Je serai de meilleure foi que le docteur Hervier, dont les finesses et les sociétés en commandite sont vraiment cousues de trop gros fil. Je vous avouerai en

toute franchise que j'étais venu ici dans le dessein
formel de vous demander la main de mademoiselle
votre fille. Du premier jour où je l'ai vue, les grâces
de sa figure et de son esprit ont fait sur moi la plus
vive impression. Mais la petite histoire que vous
nous contiez tout à l'heure me donne beaucoup à
penser. Sir John Almond avait coutume de dire et
de répéter — car il aime à se répéter, comme votre
notaire — que la vertu maîtresse d'une femme, c'est
le bon sens. Lady Almond en est déplorablement
dépourvue, et sir John attribuait tous ses malheurs
conjugaux à cette regrettable lacune. Monsieur, j'ai
le chagrin de vous déclarer que, dans toute cette
affaire d'héritage, votre charmante et adorable fille
n'a pas eu le sens commun. Veuillez m'excuser si je
me retire, en vous priant de me mettre à ses pieds.

— Eh quoi ! dit M. Havenne, j'apprendrai donc
à la fois que j'ai failli avoir le bonheur de vous
posséder pour gendre et que j'y dois renoncer à
jamais ! C'est cruel pour moi.

— Heureusement vous êtes philosophe.

— Je tâcherai de l'être, monsieur.

— Aussi bien Mlle Louise a pris en mauvaise part
une petite déclaration que je m'étais permis de hasarder tantôt. J'en conclus que je n'ai pas trouvé
grâce devant ce jeune cœur.

— Vous êtes précipité dans vos jugements, monsieur Blandol.

— Monsieur Havenne, si mademoiselle votre fille
acquérait la certitude qu'elle ne peut m'épouser qu'à
la condition d'étrangler son corbeau, consentirait-
elle à me le sacrifier ?

— Je suis confus de l'avouer, monsieur Blandol,

mais dans ce grand conflit d'affections, tout compte fait, je parierais pour Corax.

— Ce qui prouve une fois de plus, monsieur Havenne, qu'à ses charmes et à ses mérites mademoiselle votre fille ne joint pas ce bon sens qui, selon sir John, est la qualité maîtresse des femmes et la sûreté des ménages.

Et après s'être incliné profondément, il prit le large à son tour.

J'étais hors de moi, et tantôt j'avais froid, tantôt j'avais chaud. Les oreilles me bourdonnaient ; je n'entendais pas sonner les cloches, mais j'entendais comme un gazouillis d'oiseau, et les oiseaux se taisent au mois d'août. C'était sans doute mon cœur qui chantait dans ma poitrine, et il me grisait de sa musique. Je fis effort sur mon étourdissement, j'appelai tout mon courage à mon aide, et je dis :

— Monsieur Havenne, j'aime mademoiselle votre fille, je l'aime depuis longtemps, je l'aime encore plus depuis un petit quart d'heure, et j'ose vous demander sa main.

Il me lança un regard farouche, fit une affreuse grimace.

— Je m'y attendais, me répondit-il ; mais les malheurs qu'on prévoit sont aussi désagréables que ceux qui surprennent. Comme j'ai eu l'honneur de vous l'expliquer, ma fille est à la fois têtue et sournoise. Elle ne m'a point révélé ses sentiments à votre égard, c'est tout au plus si je les devine. Nous allons la faire venir ; elle se confessera elle-même devant vous. Mais, au préalable, j'ai deux mots à vous dire. Vous êtes, je crois, un de ces hommes qui ne sont contents de leur figure que lorsqu'ils ajustent un

bout de plumet à leur casque, qui n'est qu'une cas-
quette, et vous vous flattez sans doute de faire un
acte de haute chevalerie en offrant vos rentes et
vos vignes à une jeune personne sans dot. Désa-
busez-vous, je vous prie ; nous ne sommes pas si
gueux que vous le pensez. L'oncle Christophe s'était
arrêté en dernier lieu à une idée un peu plus sensée
que les autres ; ce sont les idées raisonnables qui
viennent presque toujours les dernières. Il se proposait de partager également sa fortune entre ses
six petites-nièces, et nous avons décidé à l'amiable,
en conseil de famille, que cet arrangement était le
bon, qu'il fallait s'y tenir. Ma fille, qui ne se pique
que d'être juste, n'a pas fait difficulté, vous le pensez bien, d'accepter sa part, et, si elle se marie, elle
apportera pour soutenir les charges du ménage une
dot de cent cinquante mille francs au bas mot. A
bas le plumet, mon cher monsieur ! vous n'êtes pas
un chevalier.

Après m'avoir adressé ce discours bien raisonné
et bien senti, il tira de la poche de sa vareuse un
tout petit cornet de postillon, dans lequel il souffla.
C'est sa façon la plus ordinaire de faire venir sa
fille ; quand il ne la corne pas, il la siffle. Elle apparut bientôt, nu-tête, décoiffée par le vent qui
avait subitement fraîchi, portant de sa main droite
son chapeau de campagne dont elle froissait les bri-
des entre ses doigts, l'œil interrogeant et anxieux,
une joue pâle et l'autre rouge. Elle savait évidemment ce qui l'attendait. Son père la fit asseoir près
de lui.

— Mademoiselle Louise, Louisette ou Louison,
causons tête à tête, comme si nous étions seuls.

M. Sylvain Berjac ici présent, que je condamne au
silence, a eu l'effronterie de me demander ta main,
oui, tout bonnement, sans autre formalité, sans le
moindre préambule, comme il m'aurait demandé
une cigarette ou un verre d'eau. Il y a des choses
qui lui paraissent toutes simples et qui me paraissent énormes... Louise la sournoise, veux-tu te marier ?

— Je ferai ce que voudrez.

— Es-tu heureuse telle que te voici ?

— Très heureuse.

— Il ne te manque rien ?

— Rien.

— Vous voyez, monsieur, que je ne le lui fais
pas dire... A ce compte, s'il me plaît que tu ne te
maries pas...

— Je ne me marierai pas.

— Et si je désire que tu te maries...

— Je me marierai, mais à la condition de ne pas
vous quitter.

— Ah ! mademoiselle, m'écriai-je, je vous jure
que si jamais j'ai le bonheur...

— Taisez-vous, dit-il ; personne ne vous demande
votre avis... M. Sylvain Berjac te plaît-il ?

Elle répondit avec un peu d'hésitation :

— Il ne me déplaît pas.

— Disons tout de suite qu'il t'est parfaitement
indifférent.

— Ah ! fit-elle, il y a une nuance.

— Vous entendez, monsieur, une simple nuance.
Il prétend, lui, qu'il t'aime éperdument, qu'il t'a-
dore. Le savais-tu ?

— Il me l'a dit en vers.

— Il rime, ce monsieur ! Il se permet tout... Eh bien, pour être franc, ce vigneron-poète ne me revient qu'à moitié. Il appartient à une classe d'hommes toute nouvelle en France, qu'on appelle les divorcés. Je suis philosophe, je n'ai pas de préjugés. Mais toi, Louison, tu es bonne catholique. Tu tiens cela de ta mère, comme tu tiens de ton père un certain respect pour la saine et droite raison. Je ne sais pas comment cela s'arrange dans ta tête, les têtes de femmes arrangent tout. Le fait est que tu ne te croirais point mariée si tu ne te mariais pas à l'église, et si tu épouses M. Sylvain Berjac le divorcé, tu ne trouveras pas un prêtre pour bénir votre mariage.

— Vous vous trompez, dit-elle vivement. Quand un premier mariage n'a pas été béni par le prêtre, l'Église le tient pour nul et elle ne refuse pas de bénir le second.

— Peste ! quelle fille savante !... Qui a rendu cet oracle ?

— L'abbé Poncel, répondit-elle avec moins de vivacité.

— Tu confesses donc qu'au mépris de toute pudeur, de toute vergogne, tu es allée trouver l'abbé Poncel tout exprès pour lui demander ?...

— Pas tout exprès, oh ! non, pas tout exprès... J'étais allée lui parler de toute autre chose, et c'est lui qui, à propos de je ne sais quoi...

Confuse de s'être laissé prendre, elle enfouit son visage dans le gilet de son père, et du même coup son peigne se détachant de son chignon, sa douce et soyeuse chevelure cendrée se déroula par petites ondes le long de son dos, jusqu'à sa ceinture.

— Elle a toutes les ruses, tous les artifices. Monsieur Berjac, elle veut vous faire admirer la finesse et l'abondance de ses cheveux clair de lune.

Elle se redressa, passa sa main sur son dos, constata l'accident, le désordre, et sa confusion redoubla. Il y a des cas extrêmes auxquels on cherche vainement un remède. Elle n'en trouva pas d'autre que de s'enfuir comme une ombre. Tenant son peigne d'une main, ses cheveux de l'autre, elle disparut dans la feuillée, et il me sembla que j'avais fait un rêve, et je me disais : « Si je dors, dormons toujours. »

M. Havenne s'était levé.

— Monsieur, me dit-il, vous pouvez vous vanter d'avoir de la chance. Êtes-vous sorcier ? ne l'êtes-vous pas ? Ma fille a le goût difficile ; comment vous y êtes-vous pris pour lui jeter un charme ? Vous êtes assez bien fait de votre personne ; convenez-en pourtant, vous n'avez rien d'extraordinaire ni dans la figure ni dans l'esprit. Mais voilà ! il paraît que vous avez une façon toute particulière et vraiment enchanteresse de cueillir les ivrognes dans les grands chemins. Du jour où vous avez exercé votre joli talent devant ma fille, elle a senti pour vous une sympathie qui a fini par produire les beaux résultats que nous voyons. Je vous ai tenu à distance ; j'ai vu s'amasser de temps à autre sur son front un petit nuage... Ce n'était rien, presque rien ; c'était beaucoup pour moi, et je vous donnais au diable. J'ai changé de méthode ; je vous ai fait venir pour mesurer mon enclos, dont je me soucie comme d'un patard et que je n'achèterai jamais. Je me flattais qu'après vous avoir vu deux jours de suite, étant moqueuse de son naturel, elle découvrirait en vous quelque petit ridicule. Elle n'a eu garde, elle n'a rien découvert. Quand vous avez eu l'heureuse idée de vous en aller à Bordeaux, je me suis cru sauvé. Elle est fière, et ce voyage ressemblait à une fuite. Mais vous êtes tombé malade ; elle a tout pardonné. Je pensais qu'elle menait une vie trop solitaire, que l'ennui la rongeait, qu'elle avait besoin d'un peu plus de remuement autour d'elle, qu'il fallait inventer quelque amusement pour la distraire de sa chienne d'idée. Elle aime le whist, elle aime la musique ; j'accueillis chez moi à bras ouverts les deux ostrogoths qui sortent d'ici. Rien n'y faisait, le petit nuage était toujours là... je vous montre l'endroit... là, entre les deux sourcils...

Il ôta sa pipe de sa bouche et la jeta sur la table avec une telle violence qu'il la mit en miettes. Puis, me serrant le cou de ses deux grandes mains osseuses :

— Vous êtes un voleur ! Puisqu'elle vous aime, prenez-la.

Il ajouta après avoir lâché prise :

— J'ai fait mon sacrifice, mais il m'en coûte une pipe d'écume.

— Sans compter, m'écriai-je en rajustant mon nœud de cravate, que vous avez presque étranglé un homme en qui vous trouverez désormais... oui, monsieur, je vous le jure, un homme qui...

— Un homme qui ne sait pas finir ses phrases, dit-il en haussant les épaules ; c'est jusqu'à aujourd'hui le seul mérite bien évident que je vous reconnaisse.

XLIV

Les grands bonheurs en amènent de petits à leur suite ; c'est une frégate accompagnée de sa mouche. Me voilà débarrassé de Théodule. Il s'amusait de son aventure, elle lui semblait drôle ; en apprenant que Mlle Louise m'apporte sept mille francs de rente, il s'est rembruni subitement. Il avait cru se moquer de M. Havenne, M. Havenne s'était moqué de lui, et il m'en voulait d'avoir été témoin de la scène. Les hommes les plus légers, les plus disposés à plaisanter de tout, à traiter par-dessous la jambe toutes les choses de ce monde, prennent au tragique le moindre accident qui survient à leur amour-propre ; c'est le côté sérieux de la vie. Mon homme est parti dare dare sans me dire où il allait. Francine respire.

L'abbé Poncel m'a apporté ses très cordiales félicitations. Ses beaux jours vont revenir, il y aura à Mon-Cep le jour du curé. On l'attendra à dîner une fois chaque semaine, et il va rentrer en possession de son rond de serviette. Plus de hasards à courir ! Ce sera une affaire réglée, et il aime que les maisons où l'on dîne soient soumises à la règle

269

comme les couvents. Il a profité de l'occasion pour
se plaindre que son église avait grand besoin de
réparation, que son autel était misérable. Il lui suffirait de douze mille francs pour rendre la maison
moins indigne de celui qui l'habite et de celui qui y
dit la messe ; la commune ne veut rien faire, rien
donner. Il me regardait de côté ; cela voulait dire :
« Il en coûte peu d'être généreux quand on est content. » Je ne sonnais mot. Il aborda la grosse question, la question brûlante, me rappela les engagements que je devais prendre si je voulais qu'il bénît
mon mariage.

— Je ne prendrai point d'engagements, mon cher
curé, lui répondis-je ; c'est pour moi une question
d'honneur. Je m'en remettrai pour cette affaire aux
décisions de ma femme, qui a l'âme droite comme
un jonc ; je sais d'avance qu'elle ne voudra que ce
qui est juste. Je tiens beaucoup à votre bénédiction ; quand je l'aurai reçue et qu'on ne pourra plus
me la reprendre, vous aurez vos douze mille francs,
douze billets de banque bien gentils qu'on fourrera
dans votre rond de serviette la première fois que
vous viendrez dîner à Mon-Cep ; mais, jusque-là,
serviteur ! Point d'engagements, mon cher curé.

Il se gratta l'oreille, me dit qu'il chercherai un
biais. Il le trouvera, il est grand clerc en matière
de biais, et la transaction est le fond de la vie.

M. Havenne transige, lui aussi ; il renonce à bouder. Il s'était mis en tête de demeurer tout seul à
Cloville ; il n'y passera que le temps qui reste à
courir jusqu'à la fin de son bail, c'est-à-dire six
mois. Il viendra ensuite habiter mon pavillon neuf,
qu'on arrangera à sa guise et dont il entend me

payer le loyer. Il sera comme un coq en pâte et à
la fois chez lui et chez nous. Il est résolu à garder
sa cuisinière, à faire son petit ménage à part. Libre
à lui ; mais il n'est voisin qui ne voisine et il nous
cornera souvent.

XLV

— Vous auriez honte, me disait-il en arpentant avec moi la terrasse, de les élever avec moins de sollicitude que vous n'en mettez à garantir vos vignes du phylloxéra, de la pyrale et du gribouri. L'éducation n'est pas toute-puissante, elle ne fait pas de miracles, elle n'a pas toujours raison des fatalités, des accidents ; mais, sans l'éducation, que serions-nous ? Les uns prétendent que l'enfant naît pourri du péché originel, les autres qu'il naît gracieux et bon, que ses instincts sont aimables, comme parlait Rousseau. La vérité est qu'il n'est ni bon ni mauvais. On n'est l'un ou l'autre que lorsqu'on a une règle qu'on observe ou qu'on transgresse. Nous venons au monde avec des penchants, des inclinations, des aptitudes qui proviennent d'hérédité directe ou indirecte ou en retour ; mais la règle n'est pas une chose dont on hérite, elle s'apprend. Non, l'enfant n'est pas aimable ; il est insolemment personnel ; il croit que tout lui est dû et qu'il ne doit rien, que ses droits vont aussi loin que vont ses désirs, que l'univers lui appartient, et il se fâche contre le mur qui l'arrête, contre la table à laquelle il se cogne. C'est à vous de lui enseigner à n'être pas son tout

à lui-même, c'est à vous de lui faire connaître et
aimer ses assujettissements. Partez du principe qu'il
est sans conscience : il faut lui en donner une et
qu'elle soit conforme à ce qu'il y a de meilleur dans
la société où la destinée l'a fait naître. Au reste, ce
que vous lui direz l'instruira moins que ce qu'il
verra. Si vous voulez qu'il se respecte, respectez-
vous. Si vos actes et vos discours se contredisent,
il se persuadera bientôt que la contradiction est
une loi du pays qu'il habite et qu'il y a deux morales, celle qu'on enseigne et celle qu'on pratique.

Il me disait encore :

— Ne vous faites point d'illusions. Vous n'ob-
tiendrez rien au début que par la force, par l'as-
cendant d'une autorité qui s'impose. J'ai fouetté
plusieurs fois Louise ; demandez-lui si elle s'en est
mal trouvée. *Omnis origo pudenda ;* c'est ma devise ;
que ce soit la vôtre ! L'obéissance de contrainte
prépare et produit à la longue l'obéissance de volonté et d'amour. Un philosophe anglais s'imagine
qu'un jour viendra où, par l'accroissement graduel
des heureuses hérédités, il n'y aura plus de conflit
possible entre nos désirs et nos devoirs, où tout le
monde sera vertueux par goût, par plaisir. Il nous
la baille bonne. De toutes les choses qui ne nous
procurent qu'un médiocre plaisir, la vertu sera toujours la plus désagréable à la nature. L'histoire du
genre humain recommence avec chaque enfant qui
vient au monde. Il y a dans chacun d'eux un sauvage qu'il faut apprivoiser. Nous traversons tous
l'âge de la peur, pendant lequel tout visage inconnu
nous inquiète, l'âge des appétits sans règle, des désirs sans bornes, l'âge des imaginations absurdes et

décevantes. Si une exacte discipline et l'habitude
des obéissances forcées ne favorisent en nous l'a-
mour de l'ordre, nous risquons de ne l'aimer jamais.
La raison vient la dernière ; il faut lui préparer son
logis ; qu'à son arrivée elle le trouve bien tenu, sinon
elle n'entrera pas.

« Je prêche, je bavarde, poursuivit-il, c'est pour
tromper mon ennui, car vous ne prétendez pas, je
pense, qu'en un jour tel que celui-ci j'aie le cœur
en fête... Un mot encore : nous vivons dans un
siècle où l'homme se fait une haute idée de lui-
même et de son espèce. Il est bon d'accoutumer
l'enfant à se regarder de bonne heure comme un
être dont le progrès est la loi et d'ouvrir son cœur
à toutes les fières espérances. Mais qu'il apprenne
aussi à ne rien mépriser, à ne pas répudier ses ancêtres et ses origines, à se considérer sans rougir
comme un animal perfectionné, à se sentir solidaire
non seulement des plus humbles créatures humaines, mais de la bête elle-même, dont il descend et
que nous retrouvons en nous toutes les fois que
nous pénétrons dans notre fond. Saint François
d'Assise, qui n'aimait pas les fats, appelait les hirondelles ses sœurs. Platon disait que les animaux nous
offrent plus d'un exemple digne d'être imité, et je
vous avoue que je ne rencontre jamais des bœufs
de labour sans admirer la patience de leurs grands
yeux tranquilles, ombragés de cils blancs et pleins
de cette sagesse qui ne pense pas... J'ai peu de goût
pour un certain spiritualisme religieux aussi superbe
que prude, dont la morale est si austère ou si su-
blime qu'il ne la peut pratiquer, qu'il en est réduit
à cacher ses plaisirs pour échapper à sa honte. Les

inconséquences engendrent les hypocrisies, et l'hypocrisie corrompt toute vertu. Quelqu'un a dit que la matière n'est que de l'esprit caillé ; ce mot me plaît. Savons-nous où la matière finit, où l'esprit commence ? L'histoire de l'univers, autant que nous l'entrevoyons, nous révèle d'époque en époque un immense effort, le dur labeur d'une force toujours agissante, préparant de loin l'enfantement d'un bipède sans plumes, capable de connaissance et de pensée. Que ce bipède soit fier de connaître, fier de penser, n'en déplaise à son orgueil, les êtres qui accomplissent leur destinée en l'ignorant ont quelque chose à lui apprendre, et il gagne souvent à leur ressembler. Ce qui nous enchante dans les grands poètes, ce sont des beautés qu'ils n'ont point cherchées, naïves autant que peuvent l'être des grâces de gazelle, d'une inspiration aussi simple, aussi limpide que les sentiments qui agitent le cœur d'un rossignol. Voyez les grands hommes d'action : ils discernent comme par une vue intérieure la fin pour laquelle ils sont nés et le chemin qui les y mènera. Sûrs de leur idée, ils nous étonnent par la hardiesse et la promptitude de leurs choix. Quelques-uns, aussi précoces que le perdreau qui court en sortant de sa coquille, acquièrent dès leur enfance un sentiment si net de leur destinée que rien ne peut les en détourner ; les impérieuses certitudes de l'instinct leur épargnent la fatigue des réflexions, les tâtonnements, les dégoûts du repentir. C'est là vraiment la marque du génie ; il unit à la puissance des combinaisons la candeur de la bête... Je doute que vos enfants aient du génie, mais je leur souhaite le génie du bien. Lorsqu'ils auront violé la règle, puissent-ils se sentir aussi malheureux que la fourmi qu'on oblige de manquer à sa consigne ! Il y a dans le véritable honnête homme, dans celui qu'on a bien élevé, une sainte bêtise, et si elle venait à disparaître des sociétés, religion, philosophie ou gendarmes, rien ne pourrait la remplacer. Malheur à ma créance, si mon débiteur est un monsieur qui ait besoin de réfléchir longtemps avant de me payer mon dû ! Les vrais honnêtes gens font le bien par une sorte d'entraînement fatal, comme l'oiseau chante, comme le castor bâtit, et ils veillent sur leurs devoirs comme l'abeille soigne son couvain.

Il me dit enfin :

— La discipline ! la discipline !... Quand elle s'en va d'un pays, tout s'en va, et s'il nous en reste, nous en sommes redevables à la bête comme de tout ce qui est inconscient et machinal en nous. Les machines n'ont pas besoin de savoir l'arithmétique pour compter juste, et, croyez-moi, il y a un peu de machine dans tout ce qui est grand, dans tout ce qui est fort, dans le travail mystérieux du génie, dans l'esprit militaire, dans les ordres religieux et dans tout ce qui leur ressemble, dans les dévouements héroïques, dans la vie réglée de l'homme de bien comme dans la course silencieuse des astres autour d'un centre invisible. Rome était une ruche, Sparte était une fourmilière... Donnons à notre bête un cœur et un visage humains ; malavisé qui la tuerait ! Que gagnerait-on à nous priver en même temps de beaucoup de joies aussi savoureuses qu'innocentes et de la garantie de notre vertu ?... Admirez la fleur, respirez ses parfums ; mais ne méprisez pas ses racines parce qu'elles vivent dans la terre et se nourrissent de fumier. Qu'est-ce qu'une plante sans racines ? Notre racine, c'est la bête.

Il discourait ainsi avec feu et de son air le plus bureaucratique, quand sa fille vint l'avertir que les bouts de sa cravate blanche pendaient. Elle se dressa sur la pointe du pied pour lui refaire son nœud. Dès qu'elle eut fini, s'éloignant de quelques pas et nous regardant tour à tour, elle et moi, il nous dit :

— Je comprends pourquoi vous vous aimez, quel est le trait d'union entre vous : l'un comme l'autre, vous êtes un peu bêtes, dans la sainte acception du mot.

Nous étions mariés et bien mariés. En vingt-quatre heures on nous avait unis trois fois : d'abord à la mairie, puis au temple le plus proche, où ma sœur, qui me boude, n'avait point paru, et enfin dans l'église mal entretenue où l'abbé Poncel dit la messe. Oui, dans le même jour, on me l'avait donnée trois fois, elle était bien à moi.

Je me sentais las et heureux ; ma lassitude m'enchantait. Nous avions déjeuné à Cloville, nous étions venus dîner à Mon-Cep. De chaque fenêtre de ma maison sortaient des bourdonnements de voix, des rires et une odeur de liesse et de ripaille. On célébrait en même temps la fête de mes amours et celle de mes vendanges, terminées de la veille. Le vin nouveau remplissait tout mon pressoir de ses chaudes vapeurs ; quelques cuves regorgeaient encore de raisins foulés, qui les blanchissaient de leur écume, et il y avait aussi dans mon cœur comme une écume de joie, qui, sans doute, montait jusqu'à mes yeux. Je pensai plus d'une fois à Théodule, à la parole d'un poète grec qu'il avait apprise de sir John Al-

mond et qu'il aimait à citer : « Une douce violence
sort de la coupe, et le cœur est ébranlé par l'attente
de l'amour que Dionysos-Bacchus mêle à ses dons. »
Je voulais tant de bien à tout l'univers que je regrettais l'absence de ce disciple de sir John, parti
pour l'Asie et occupé peut-être, en cet instant, à
courtiser quelque belle Tongouse qui adore le Dalaï-
Lama.

Selon la coutume, pour célébrer le dieu des vendanges, changé d'aventure ce jour-là en un dieu qui
bénit les unions légitimes, on devait danser toute
la nuit dans ma grande cour dallée, dont je suis
fier, et que j'ai baptisée du nom pompeux de cour
des fêtes. Les hangars en arcades qui la bordent
dans sa longueur, ainsi que le puits couvert qui en
occupe le centre, étaient habillés de feuillages et
de pampres ; des guirlandes de roses couraient de
porte en porte, depuis le pressoir jusqu'aux chais.
A peine étions-nous sortis de table, on alluma d'é-
normes torches de résine fixées à quatre piliers :
vendangeurs et vendangeuses se prirent les mains
et le bal s'ouvrit.

Nous avions prié à nos noces toute la branche
cadette, et M. Étienne Havenne, sa femme, ses cinq
filles semblaient goûter notre fête nocturne et rustique, en bonnes gens de Paris qui trouvent du plaisir
dans ce qui les étonne. Félicien, qui m'avait servi
de témoin, était fort excité ; Mme Jalizert le surveillait de l'œil soupçonneux et sévère d'une coquette repentie. L'abbé Poncel paraissait content
de sa journée ; il avait gagné le matin, à peu de
frais, douze billets de mille francs. Le docteur Hervier, rentré dans son naturel, dans ses habitudes,

promenait de place en place son gilet déboutonné,
ses bas pendants, sa gaieté débraillée et de silencieux regrets qui se trahissaient de temps à autre
par de vagues soupirs. M. Richard Havenne, mon
beau-père, avait pris le parti de se dérider, de prouver au monde que les éléphants savent rire. La reine
du bal était la grande Zoé, qu'on appelle maintenant
Mme Joseph. On la recherchait beaucoup ; l'air digne, enveloppée de majesté, elle traitait de haut en
bas ses adorateurs et semblait se dire : « Ayons de la
tenue, amusons-nous sans qu'il y paraisse. » Balthazar, l'ivrogne, était, selon son ordinaire, entre deux
vins ; il faisait bonne contenance, on ne pouvait
deviner encore de quel côté il tomberait, et je sou-
haitai qu'en tombant il ne se fît point de mal. N'é-
tait-ce pas lui qui, avant tout le monde, nous avait
mariés ?

Le petit Jalizert, à peine âgé de cinq ans, s'étant
hasardé dans un quadrille, fut bousculé, renversé
il geignit, pleura ; il fallut l'emporter. Ce fut le si-
gnal du départ pour ses parents, que suivirent de
près le docteur et le curé. Dix minutes plus tard,
M. Havenne partit aussi, emmenant la branche cadette à Cloville, où elle passera quelques jours.

Après la retraite de ces témoins incommodes, qui
tenaient les gaietés en respect, les danses, d'abord
graves, mesurées, presque tristes, s'animèrent par
degrés, et bientôt on ne dansa plus : on sautait, on
cabriolait. Je dis à Louise :

— Nous ferions bien de nous en aller.

Elle cherchait à gagner du temps ; elle me répondit :

— Restons encore, je m'amuse.

Le vin coulait à flots. Non, le dieu du raisin et des vendanges n'est pas le dieu des unions légitimes ; il est le grand libérateur qui ramène l'âge d'or et ses franchises. Les ébats tumultueux qui ébranlaient les dalles de ma cour rappelaient les antiques bacchanales, destinées à faire revivre, durant quelques heures, la beauté du droit naturel et les délices de ces anciens jours, où tous les hommes étaient égaux, ne connaissant ni le tien ni le mien. Mes torches de résine répandaient sur les visages des clartés rougeâtres ; les danseurs se transformaient en satyres aux pieds de boucs, en silènes licencieux et obèses, aux oreilles velues. La grande Zoé avait perdu toute modestie : échevelée, étincelante, elle se démenait, se déhanchait, bondissait comme une ménade, et, en passant près de moi, ses yeux flambants cherchaient les miens pour leur raconter une histoire. Les plus réservés, les plus tranquilles de mes ouvriers, comme émus d'une sourde concupiscence, regardaient ma femme de trop près ou la lorgnaient de loin avec une indiscrète et persistante attention. Elle entendait prononcer autour d'elle des propos gras ou salés. Elle fut saisie de frayeur ; cette fois, ce fut elle qui me dit :

— Allons-nous-en !

Je la pris par la taille, je l'emmenai bien vite. Que sir John me le pardonne, je ne m'étais jamais senti si propriétaire dans l'âme ; je n'entendais partager mon bien ni avec les yeux ni avec les désirs de mon prochain.

Dès que j'eus franchi le seuil de ma maison, dont je tirai soigneusement le triple verrou, j'enlevai ma Louise dans mes bras, et l'y tenant couchée, je gravis l'escalier, m'arrêtant à toutes les marches pour la regarder, pour m'assurer que c'était elle, et à chaque marche m'étonnant que mon bonheur fût léger comme une plume. L'instant d'après, elle était assise dans un fauteuil ; accroupi à ses pieds, je contemplais ses yeux gris, que l'attente d'un mystère remplissait d'effarement, et je leur disais, sans parler : « Aujourd'hui, vous êtes mon plaisir et ma proie ; demain, vous serez ma sagesse, mon conseil, mon gouvernement. »

De la cour des fêtes montait jusqu'à nous un bruit confus de violons grinçants, de clarinette enrouée, de piétinements sauvages, de chansons et de joies vineuses, et, par intervalles, je croyais entendre des cris de colère accompagnés d'insolentes menaces. Que pouvais-je craindre ? Mes verrous étaient solides, et la femme que j'aimais était à moi tout seul, elle était à moi tout entière.

Dès six heures, j'étais debout. Elle dormait du plus profond sommeil ; mes lèvres cherchèrent un petit signe noir qu'elle a au-dessus du sein gauche et s'y collèrent doucement, sans la réveiller ; puis je sortis à pas de loup. Je lui ménageais une surprise. La veille, en me quittant, son père m'avait dit de son ton le plus bourru : « Je suis discret, je sais vivre ; je ne viendrai pas demain. » Je voulais annoncer à ce jaloux que son gendre et sa fille l'attendaient à déjeuner, lui et ses hôtes, et le convaincre ainsi que les grands bonheurs ne sont pas toujours égoïstes.

Comme je passais devant l'office, dont la porte était entr'ouverte, j'aperçus Francine, qui s'était levée aussi matin que moi. Ses lunettes sur le nez, les mains jointes, elle lisait dans sa grande Bible avant de vaquer à sa besogne.

— Francine, lui dis-je, si ma pauvre mère vivait encore, elle m'aurait lu ce matin une épître ou un psaume. En souvenir d'elle, lis-moi tout haut ce que tu lisais.

Elle me lut de sa voix chevrotante le verset que voici : « Alors, Adam prononça cette parole : Celle-ci est la moelle de mes os, la chair de ma chair. »

— Voilà qui est bien dit. Oui, celle qui dort là-haut est la chair de ma chair, et que bénie soit la chair quand elle est habitée par un esprit droit et pur !... Tu m'as mis en goût ; tourne quelques pages, lis-moi encore un verset.

Elle tomba sur celui-ci : « Dieu dit à Abraham : Quant à Sarah, ta femme, elle te donnera un fils, et des rois de peuples sortiront d'elle. »

— Oh ! bien, je ne prétends pas fournir le monde de rois ou d'empereurs, mais un fils ne me suffirait point. Je veux en avoir au moins trois, accompagnés de trois filles, et tous, tant qu'ils seront, nous les élèverons dans le culte de la sainte bêtise.

Elle me regardait avec ahurissement. Elle ne comprenait pas ; mais quand elle ne comprend pas, elle n'a garde de questionner ; elle demeure dans son ignorance, ce qui ne l'empêche ni de boire, ni de manger, ni de dormir.

— Monsieur, me dit-elle dans son style biblique, que Dieu vous bénisse à jamais et qu'il bénisse le ventre d'où sortiront vos trois fils et vos trois filles, ainsi que les mamelles qui les allaiteront !

— Puisse ton Dieu, repris-je, nous faire aussi la grâce que parmi les six petits Berjac, il n'y ait point de mouton qui ne soit blanc comme neige et surtout point de brebis noire !

Cette fois, la curiosité fut la plus forte et l'emporta sur la discrétion.

— Qu'est-ce qu'une brebis noire ? demanda-t-elle en essuyant avec son mouchoir à carreaux les verres un peu troubles de ses lunettes.

— Ma bonne vieille, lui dis-je, il en est une que tu connais bien. La dernière fois qu'elle est venue ici, elle y a laissé une maudite odeur de musc, et c'est d'hier soir seulement que ma maison sent bon.

FIN

IMPRIMERIE NELSON, ÉDIMBOURG, ÉCOSSE

PRINTED IN GREAT BRITAIN

LES
COLLECTION
NELSON

comprennent plus de
400 volumes
des meilleurs auteurs français
et étrangers.

TOUS LES GENRES LITTÉRAIRES
Y SONT REPRÉSENTÉS

———

Chaque volume contient de 280
à 575 pages.

———

Format commode.
Impression en caractères très lisibles sur papier solide
et durable.
Élégante reliure toile.

DESCARTES. — **Discours de la Méthode, Méditations métaphysiques, Traité des Passions.** Introduction par Émile Faguet (*de l'Académie française*).

NODIER. — **Jean Sbogar et autres Nouvelles.** Introduction par Émile Faguet.

P.-L. COURIER. — **Lettres et Pamphlets.** Introduction par Émile Faguet.

MONTESQUIEU. — **Lettres Persanes, Grandeur et Décadence des Romains.** Introduction par Émile Faguet.

ANDRÉ CHÉNIER. — **Poésies.** Introduction par Émile Faguet.

LESAGE. — **Gil Blas.** Introduction par Émile Faguet. (Deux volumes.)

BEAUMARCHAIS. — **Théâtre choisi.** Introduction par Émile Faguet.

Le Barbier de Séville, Le Mariage de Figaro, La Mère coupable, Mélanges, Vers et Chansons.

AMYOT. — **Les Vies des Hommes illustres de Plutarque.** Introduction par Émile Faguet.

Tome Ier. Vies parallèles de Theseus et Romulus, Lycurgus et Numa Pompilius, Solon et Publicola. Glossaire.

Tome II. Vies parallèles de Themistocles et Furius Camillus, Pericles et Fabius Maximus, Alcibiades et Coriolanus. Glossaire.

——————— **ÉDITION LUTETIA** ———————

RACINE. — Théâtre. Introduction par ÉMILE
FAGUET. (Deux volumes.)

Tome Ier. La Thébaïde, Alexandre le Grand, Andromaque,
Les Plaideurs, Britannicus, Bérénice.

Tome II. Bajazet, Mithridate, Iphigénie en Aulide, Phèdre,
Esther, Athalie.

CORNEILLE. — Théâtre choisi. Introduction par
ÉMILE FAGUET. (Deux volumes.)

Tome Ier. La Galerie du Palais, La Place Royale, L'Illusion,
Le Cid, Horace, Cinna.

Tome II. Polyeucte, Pompée, Le Menteur, Rodogune, Don
Sanche d'Aragon, Nicomède.

LA FONTAINE. — Fables et Épîtres. Introduction par ÉMILE FAGUET.

**MADAME DE LA FAYETTE. — La Princesse
de Clèves.** Introduction par l'Abbé J. CALVET.

**CHATEAUBRIAND. — Atala, René, Le dernier
Abencérage.** Introduction par ÉMILE FAGUET.

PERRAULT, etc. — Choix de Contes de Fées.
Introduction par Madame FÉLIX-FAURE GOYAU.

MADAME DE STAËL. — Corinne, ou l'Italie.
Introduction par ÉMILE FAGUET. (Deux volumes.)

ROUSSEAU. — Émile, ou de l'Éducation. Introduction par ÉMILE FAGUET. (Deux volumes.)

PASCAL. — Pensées. Introduction par ÉMILE
FAGUET.

MONTAIGNE. — Essais. Introduction par ÉMILE
FAGUET. (Trois volumes.)

ALFRED DE MUSSET. — Poésies. Introduction par ÉMILE FAGUET.

MADAME DE SÉVIGNÉ. — Lettres choisies.
Introduction par ÉMILE FAGUET.